大王家の柩

継体と推古をつなぐ謎

読売新聞西部本社編集委員
板橋旺爾

海鳥社

2000年に発見された推古女帝初陵・植山古墳の阿蘇ピンク石棺（橿原市教育委員会）

9万年前の阿蘇大噴火が残したピンク岩層の露頭＝熊本県宇土市

継体大王に抗した磐井の墓・岩戸山古墳と石人＝福岡県八女市

阿蘇ピンク石棺が出土した継体大王陵・今城塚古墳＝大阪府高槻市

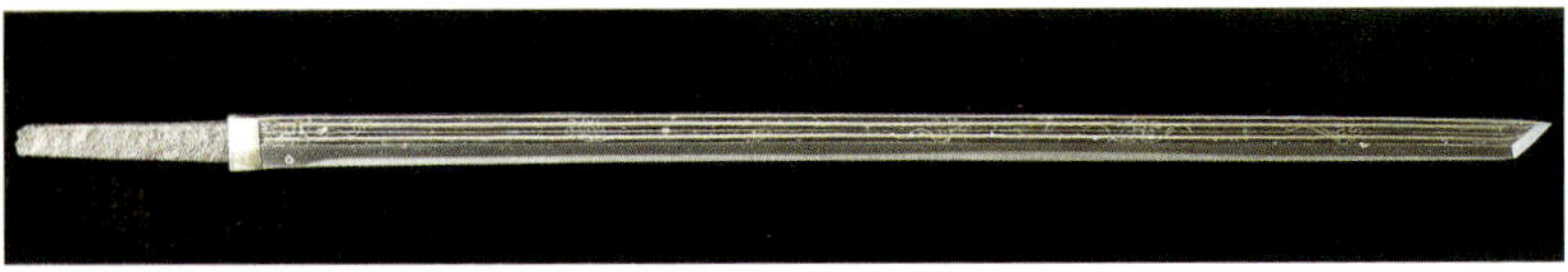

聖徳太子の七星剣。太子は竹田皇子とともに
物部討伐戦を戦った（国宝＝大阪・四天王寺）

吉備と火の国豪族の同盟をしめす不知火海
・鴨籠古墳の石棺（熊本県立装飾古墳館）

大王家の柩——継体と推古をつなぐ謎◉目次

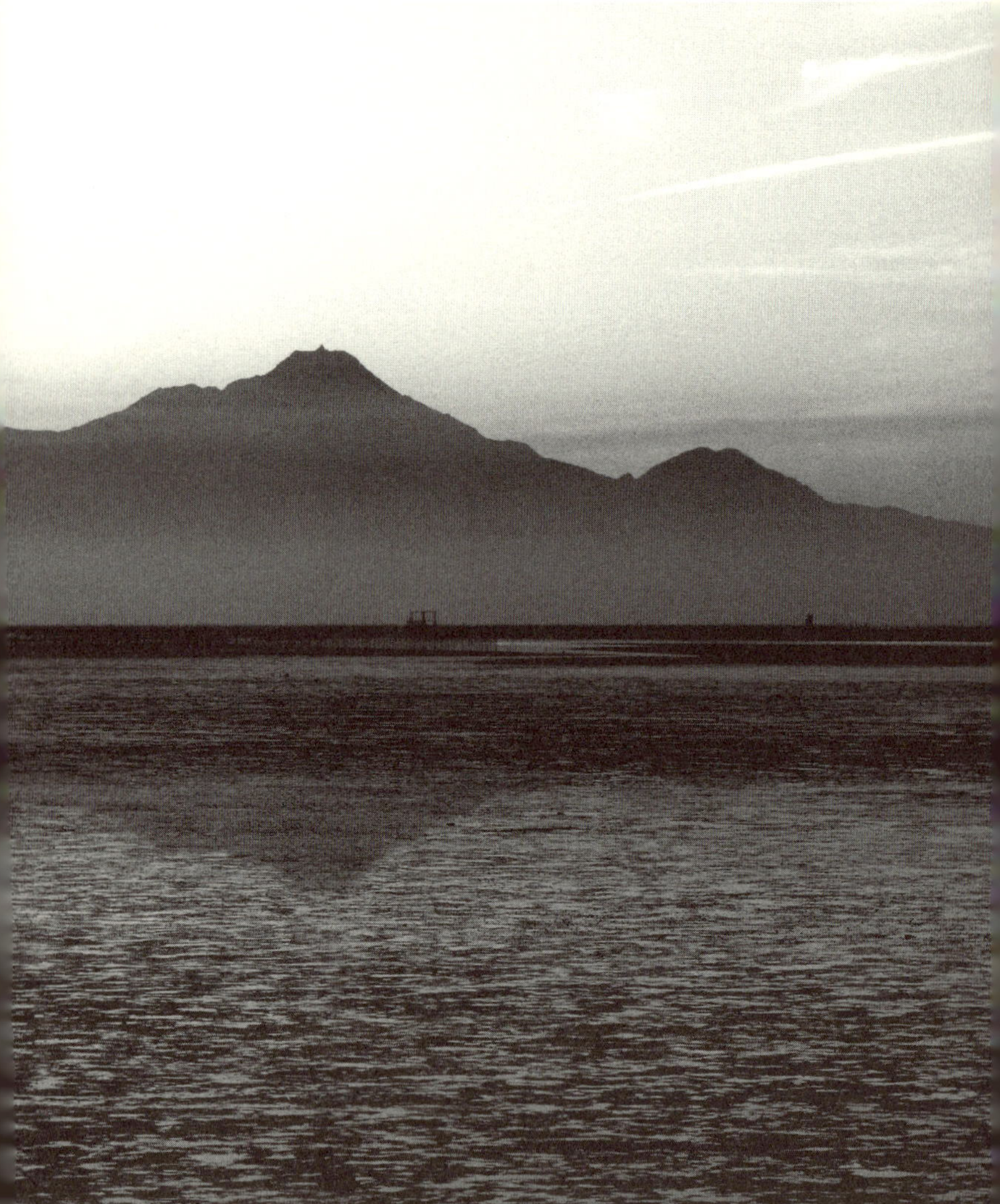

赤いひつぎのミステリー

歴史の断層のわずかなすき間に、一編のミステリーが残されている。

古代大王家の赤いひつぎのことだ。そのはじまりはいまから九万年前、としておこう。そのとき、九州の中心にある阿蘇山がみずからの火山生成史上最大の噴火を起こした。

数千メートルも噴き上げる噴煙は空を覆い、火山灰は偏西風に乗って北海道にまで達した。火口に形成された溶岩ドームはつぎつぎに崩落して巨大火砕流となり、九州中北部に奔出する。暗黒の空、赤い高熱の大地。やがて、一〇〇〇度ちかい温度で流れ下った火砕流は、冷えてかたまっていく。いま九州中北部を覆う灰色の凝灰岩《ぎょうかいがん》は、この大火砕流が岩層となったものだ。

このときの天地の様をあらわすには、つぎの記述がふさわしい。

「いにしえに天地いまだ陰陽に分かれざりしとき、混とんとした塊の中で、ほのかだが何かが起ころうとする兆しがあった。やがて、清陽なるものはたなびきて天となり、重く濁れるものはとどこおりて地となる……」（日本書紀「天地開闢《かいびゃく》」）

天地を分けた阿蘇火砕流は、とどこおりて新しい大地となり静まっていった。

その阿蘇凝灰岩のうち、極めてまれに、溶岩の赤色をとどめたものがある。

熊本県宇土《うと》市・馬門《まかど》の森に、断崖となってそびえている赤い岩層がそれだ。乾燥するとピンクに発色するので、阿蘇ピンク石とよばれる。

この九万年前の火山活動が生みだしためずらしい阿蘇ピンク石が現代によみがえり、古代史・考古学の新たな謎となったのは、つい最近のことだ。

西暦二〇〇〇年前後、畿内のいくつかの重要古墳から出土した石棺《せっかん》(石のひつぎ)が、阿蘇ピンク石で造られていることがあきらかになった。古墳の時期は、倭の五王の時代終わりごろから九州で磐井《いわい》の乱が起こった継体大王のとき。そして飛鳥文化が花開いた推古女帝、聖徳太子の時代。この五世紀後半―七世紀初頭のある時期の、特定の人物だけが、阿蘇ピンク石棺に葬られた。

なぜだろう。

宇土に原産地があり、畿内にその石棺があるからといって、光陰の矢のように石が飛ぶわけではない。宇土半島から摂津・大和まで想定される海路は、有明海、東シナ海、玄界灘、瀬戸内海の一〇〇〇キロ余。この海を運ばれたのだ。

阿蘇ピンク石棺はなぜこの波濤を越えたのだろうか。

ミステリーの舞台を彩るものがある。海と黄金だ。

この時代、日本書紀に「目かがやく金銀の国」と記された韓半島の国々では、黄金の冠や耳飾りが王や豪族たちを飾った。百済の武寧王陵（韓国・公州）、新羅の金冠塚や天馬塚（同慶州）にのこされた数々の豪華な金製品がそれをあらわす。

これに呼応するかのように、玄界灘や有明海、日本海や瀬戸内海、そして琵琶湖といった倭国の海上・水上交通路を見わたす要所に、黄金の王冠や耳飾りを持った豪族たちの古墳が、この時期に集中して出現する。江田船山《えたふなやま》古墳（熊本）、高下古墳（長崎）、東宮山古墳（愛媛）、両宮山古墳（岡山）、十善ノ森古墳（福井）。そして、海ぞいで点々と見つかる阿蘇石石棺。

倭国と韓半島、そこで、いったいなにが起きていたのか。

海と、黄金と、大王家の赤いひつぎ。そのミステリーに光をあててみよう。

大王陵での発見

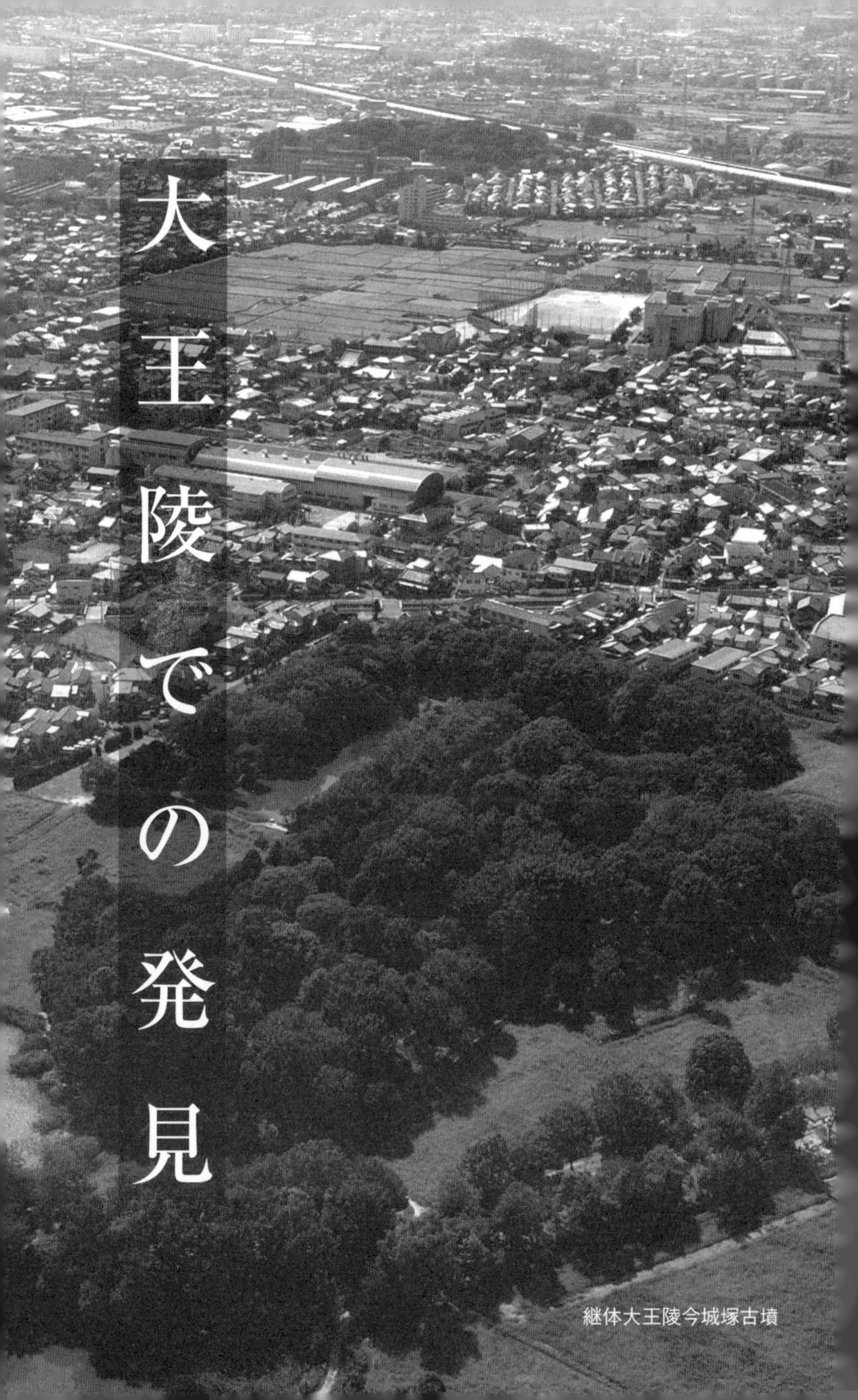

継体大王陵今城塚古墳

継体陵の赤い石

林のなかはまるで静かだ。ときおり、鳥の鋭い鳴き声が響き、風がさわやかに吹きとおる。

その林を見おろすように、赤い岩層が断崖となってそびえている。九万年前の阿蘇第4火砕流。阿蘇山形成以来、最大規模の噴火のそのときに流れくだった火砕流が、ここまできて冷えてかたまったものだ。

阿蘇凝灰岩《ぎょうかいがん》の色は、普通はその名のとおり灰色だ。だが、熊本県宇土《うと》市馬門《まかど》の凝灰岩層は赤っぽいピンク色をしている。

その岩層をひとりの男が見あげていた。熊本大学教育学部地学研究室教授の渡辺一徳だ。

「なぜここにピンク色の阿蘇凝灰岩がこれだけの規模で存在しているのか、まだよくわかっていないのです」。自然は時に、不思議なものを造りだす。

阿蘇では二七万年前の第1から九万年前の最大規模の第4まで四回の大噴火が起きている。それが冷えかたまった凝灰岩を調べることで阿蘇火山の形成過程を解き明かすことができる。火山学が専門の渡辺は、その阿蘇がフィールドだ。

噴出した灰が北海道まで達し、

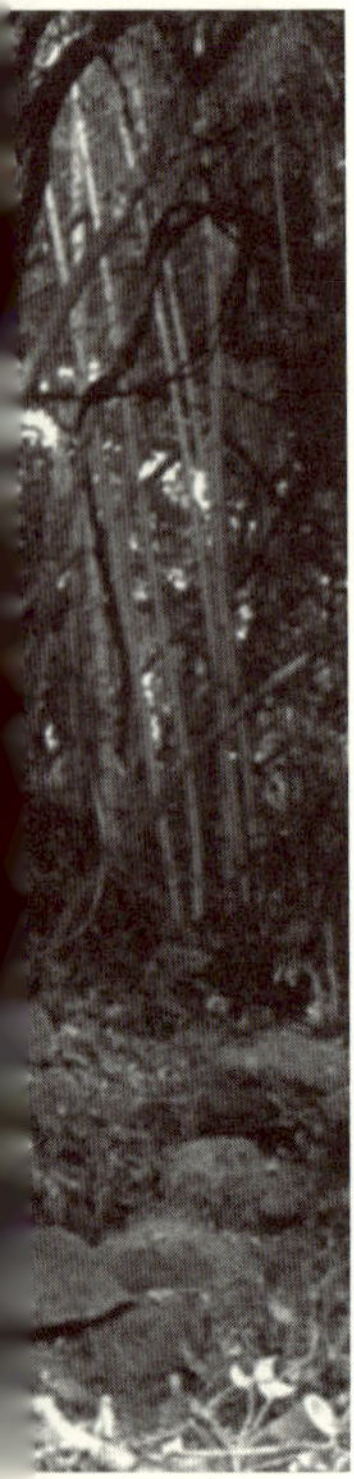

宇土山中の阿蘇ピンク岩層（人物手前は高木恭二氏）

九州中部一円が火砕流で埋まった阿蘇火山最大のショー、第4火砕流が宇土だけにのこしたピンク色凝灰岩の大岩層はどうしてできたのか。

阿蘇第4火砕流の規模は、平成に起こった雲仙・普賢岳火砕流の一〇〇万倍。噴出量は六〇〇立方キロメートル、つまり一辺一キロメートルの立方体を想定するとその六〇〇個分という膨大な量だ。火砕流の温度は一〇〇〇度ちかい。その高温の火砕流の堆積が数年かけて冷えて、灰色の凝灰岩としてかたまっていく。赤くなるのは、冷えてかたまる途中の高温のときにマグマにふくまれていた鉄分が酸化したからだといわれる。

ただ、その発色には五、六〇〇度以上の熱が必要で、それ以下では酸化しても赤くならない。そして、酸化に必要な大量の酸素の供給には、水の関与があったかもしれないと指摘されている。ほかにもピンクの凝灰岩がある場所もあるが、ごく部分的に変色しているだけだ。宇土の阿蘇ピンクは岩層全体が発色し、しかも露頭だけで数百メートルにわたっている。

有明海と不知火海のあいだに細くのびた宇土半島。そのつけねにあるピンク岩層。地勢的位置からみて、めずらしい「大規模発色」に太古の海が関係したことが十分考えられる。

ただその場合、海中にはいると急激に冷えすぎる。マグマが高温のまま海に接し、発生した水蒸気が気泡をとおして浸透したか。だが分厚い内部まではそれはとおらない。説明できないことが多い。やはりピンク岩層の正確な生成要因はわからない。「何万分の一かの確率で自然の諸条件がたまたまそろってこのピンクの巨大な岩層ができた。そう考えるしかない」

そしてこの不思議な石は、幾万もの時をへて大和王権の時代に突然、登場する。

一九九八年一月。松の内が明けた寒風のなか、大阪府高槻市にある古墳のうえを、熊本県宇土市教育委員会文化財担当の高木恭二が歩きまわっていた。

古墳の名は今城塚《いましろづか》。六世紀前半の前方後円墳で全長一九〇メートル。継体大王の陵墓だ。宮内庁が「継体天皇陵」としている太田茶臼山古墳がちかくにあるが、近年の発掘調査と文献研究によって、この今城塚古墳が継体大王の墓であることがあきらかになった。

阿蘇ピンク石棺片が多数見つかった継体陵・今城塚古墳＝大阪府高槻市

継体は、日本書紀（以下、書紀と略記）の年代を西暦になおすと五〇七－五三一年に在位した大王だ。のちの推古女帝の祖父でもある。

高木は九州で古墳時代、とくに阿蘇凝灰岩で造られた石棺《せっかん》（石のひつぎ）を研究してきた。それを畿内まで追いかけ、分析用に持ち帰った石棺片の石質を理学的に鑑定してきたのが、共同研究者の渡辺だった。

冬の落日は早い。古墳の周濠の水面が夕日を映してきらきらと輝いている。墳丘《ふんきゅう》の一番高いところから暮れなずむ風景を見わたしていた高木は、ふと、足元の土のなかから赤い石片がのぞいているのに気づいた。

急いで取りだしてみると、石は高木には見なれた阿蘇ピンク石だった。しかも、「く」の字形をしていて「く」の内側は真っ赤だ。

それは、この古墳の被葬者（葬られた人）を安

■図１　今城塚古墳出土阿蘇ピンク石製家形石棺

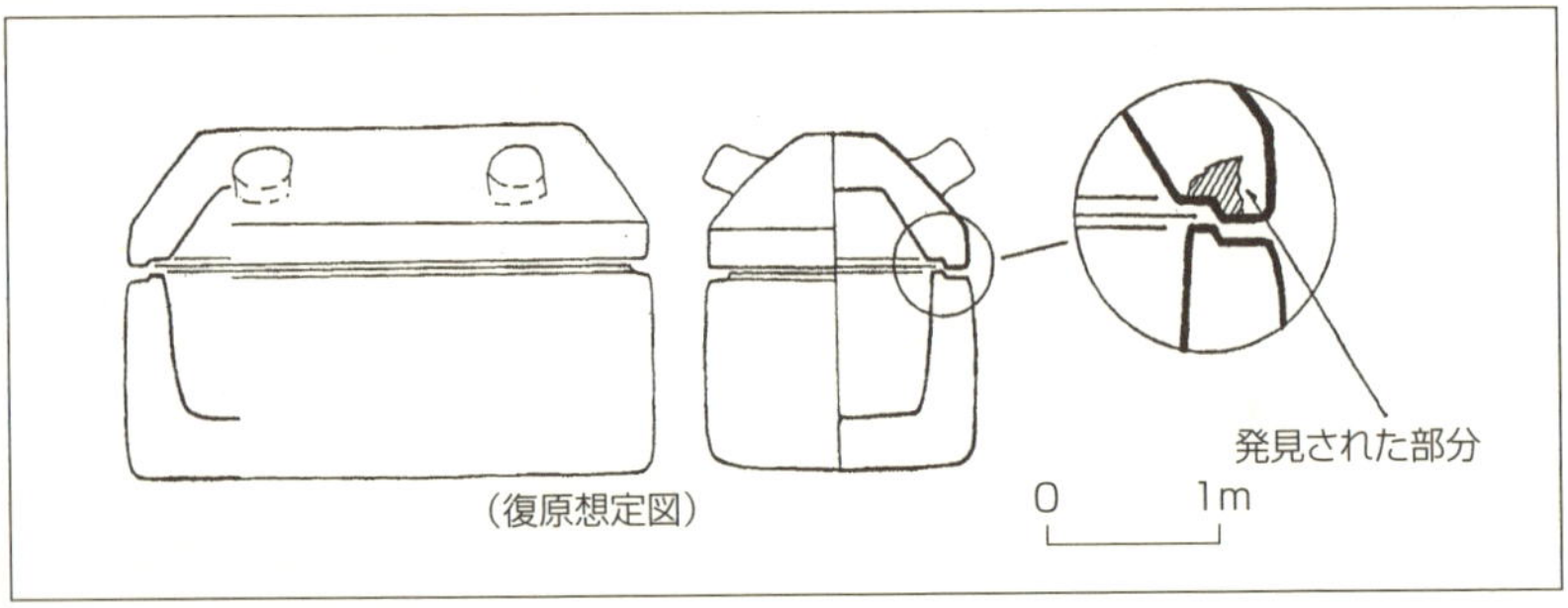

＊高木2003，写真も

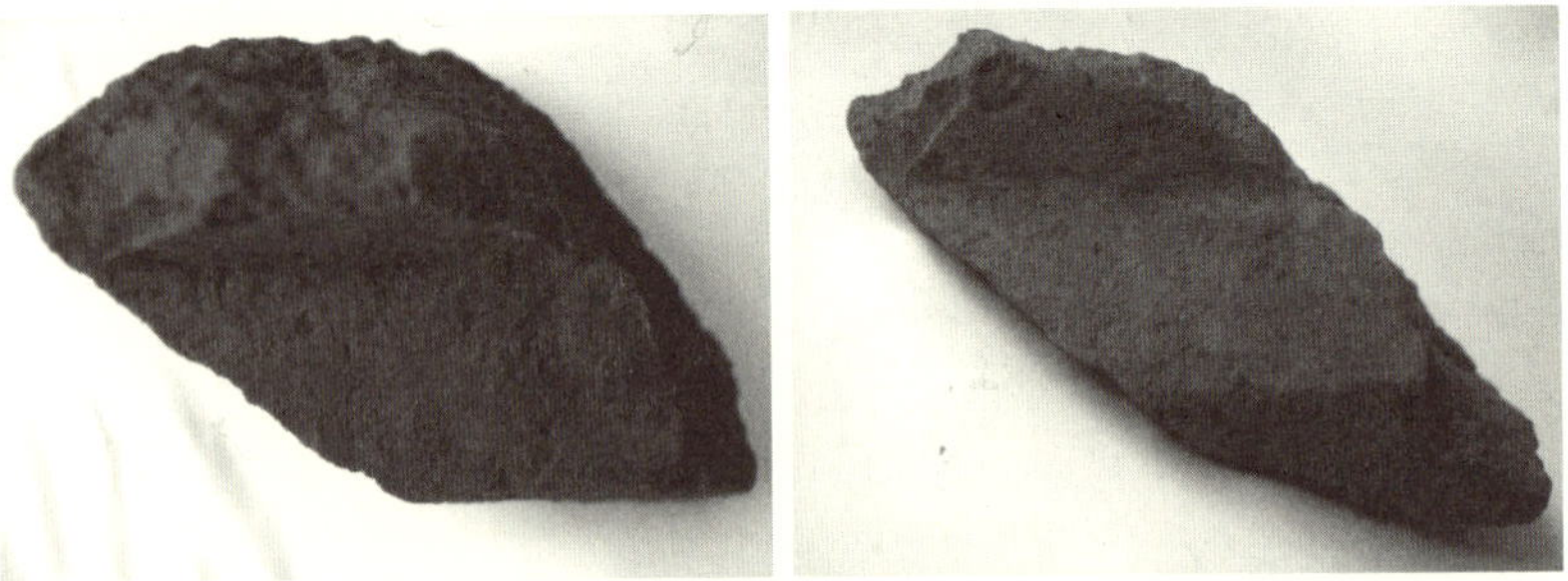

今城塚古墳頂部で最初に採取された阿蘇ピンク石の石棺片

置した石棺の蓋《ふた》の下端、遺体が納められる身との合わせ目の部分だったのである。内側の真っ赤なのは葬るときの祭祀で塗られた朱だ。

継体大王陵での阿蘇ピンク石棺の発見だった。

興奮したまま古墳を駆けおりて、ちかくの公衆電話から発掘主任の高槻市埋蔵文化財調査センターの森田克行に知らせた。電話のむこうで森田が叫んだ。「ほんまか、ほんまに阿蘇ピンクの石棺か」

火山国である日本列島には北から南まで、多くの火山のたび重なる噴火によって流れ下った火砕流が冷えかたまって凝灰岩となり、降り積もった灰が堆積して地層をなしている。だからひ

■図2 倭の五王、継体、推古略年表

大王	年代	おもな事項
允恭	四四三	倭王済、宋の文帝に朝貢
雄略（武）	四七八	倭王武、宋の順帝に朝貢（上表文提出）
…	五〇二	倭王武、梁に朝貢（倭の五王の朝貢最後）
武烈	五〇七	大伴金村ら、越前より継体大王を迎える
	五一二	大伴金村、加耶（任那）四県を百済へ割譲
継体	五二七	筑紫国造磐井、新羅と結び反乱
	五二八	物部麁鹿火、磐井の乱を鎮圧
安閑	〜五三三	（このころ、安閑・宣化朝と欽明朝の対立）
宣化	五三八	百済の聖明王、欽明朝に仏教公伝（『上宮聖徳法王帝説』など、ただし『日本書紀』には五五二年とあり）
		（このころ、仏教の受容をめぐる対立あり）
欽明	五六二	新羅により加耶（任那）滅ぼされる
	五七一	欽明大王、加耶の再建を遺詔
敏達		
用明		
崇峻	五八七	蘇我馬子ら、物部守屋を倒し、崇峻大王擁立
	五九二	蘇我馬子、崇峻大王を殺害し、推古女帝擁立
推古	五九三	厩戸皇子（聖徳太子）、推古女帝の摂政となる

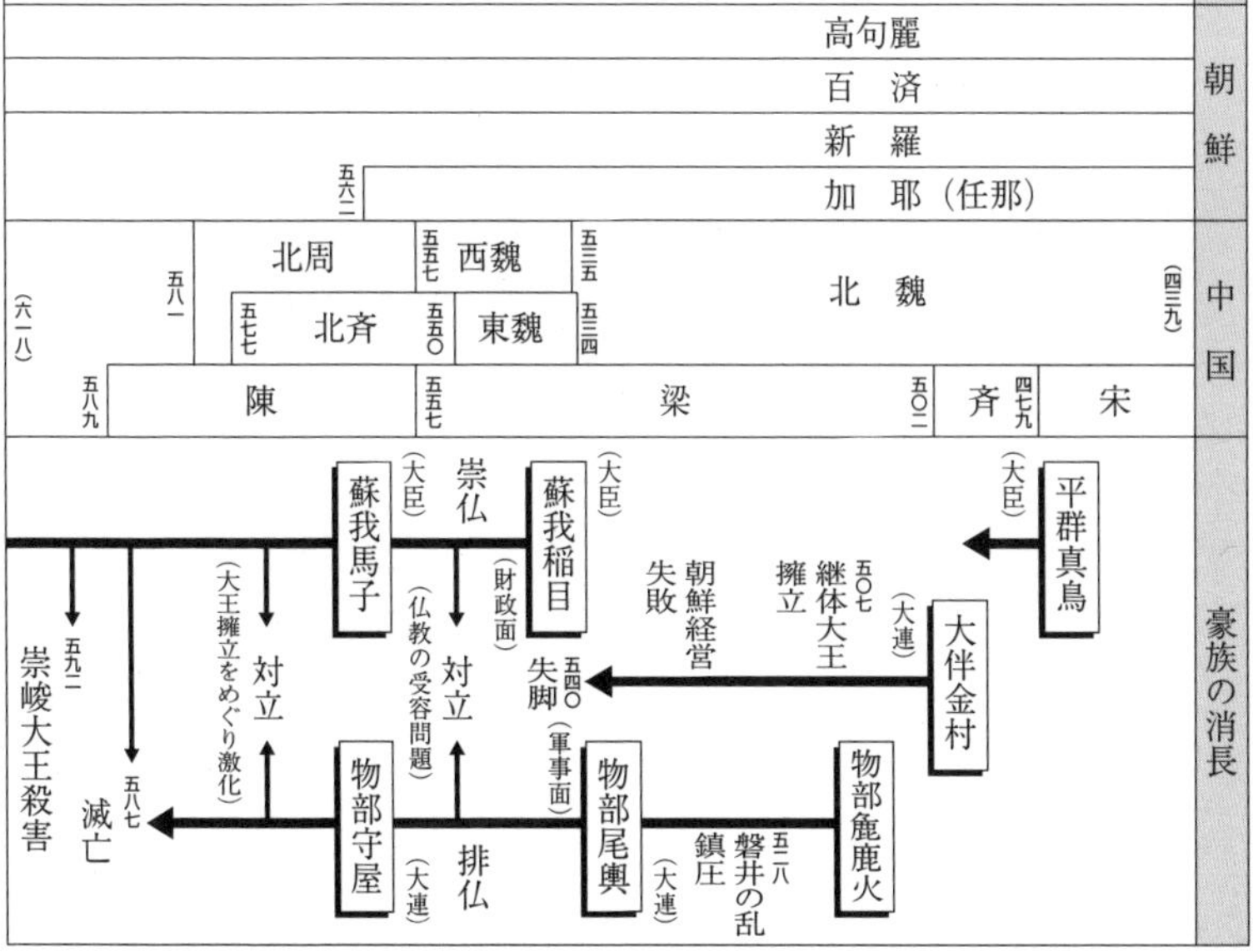

＊安土城考古博物館2003をもとに作成

と言で凝灰岩層や火山灰層といっても、火山ごとに、また同じ火山でも、噴火時の規模や状況によってふくまれている珪質ガラスの理学的性質がちがっている。

畿内では大王の石棺につかわれた似たような石材として二上山（大阪・奈良県境）の凝灰岩がある。黄白–黄赤色をしていて「二上山ピンク」とよばれていた。阿蘇ピンクもこの名にならってつけられたのだが、畿内の研究者である森田の脳裏には、とうぜんながらそれが二上山ピンクかもしれないとの疑念も浮かぶ。

高木が見つけた赤い石棺の破片は、すぐさま鑑定のため渡辺のもとに届けられた。そしてそれが二上山ピンクではなく、阿蘇ピンクの石質であることが理学的にも証明された。

今城塚の地から遠く海を隔てて八〇〇キロの山中にある太古の赤い岩層。それが一五〇〇年前に造られた継体大王の墳墓から、石棺の破片となって現代によみがえったのだった。

＊「大王」の呼称

「大王」は天皇の古称。埼玉・稲荷山古墳鉄剣、熊本・江田船山古墳大刀の「獲加多支鹵大王」（稚武《わかたける》=雄略）銘文にみられるように、五–六世紀代は「大王」がつかわれていた。「天皇」号は七世紀後半の天武以降とされるが、「推古の代から」との説もあるので、「推古女帝」と表現する。また大王は、「だいおう」と読む。日本書紀原文は漢文で書かれているが、岩波文庫版『日本書紀』では、大王と記されているところに「おおきみ」「きみ」のルビがあり、同じ書紀文中での天皇に対しては「すめらみこと」のルビをふっている。古代は訓読みされていたからだが、中世以降、漢字の音読みがひろまって、天皇を「てんのう」と音読するようになった。いまは古代史学者でも天皇を「すめらみこと」とはいわず、大王も「だいおう」とよんでいる。一般的な音読みの「てんのう」に対応して、「だいおう」とする。

推古初陵の発見

ちいさな石棺の破片。考古学にとってはそれが関西の石ならさほどのことではない。古代の人が葬られた古墳に石棺があることはあたりまえ、石材も地元の石があたりまえ——。だがこの常識に、赤い石片がまさに一石を投じる。石片はちいさいが、おおきすぎるほどの一石だった。それが大王陵だったからだ。その後の調査で、それは二〇〇片以上に増えていく。

高木恭二が阿蘇石石棺の研究を始めたのは一九七五年のことだ。その年の七月、岡山の高名な考古学者・間壁忠彦（倉敷考古館長）が宇土をひょっこり訪ねてきてこういった。「岡山や関西の古墳の石棺で、阿蘇の凝灰岩でできているのがある。それが九州のどこの石かを調べているんだ」

このころの考古学の世界では、かんたんに持ち運べる土器や石器ならいざしらず、古墳の石室や石棺という重い石材は周辺に産する石をつかったというのが常識だった。間壁がいうことはそれをうち砕く。「おもしろそうだ」と高木は思った。以来、九州、瀬戸内、畿内への石棺行脚が始まる。

九州東岸の古墳のうえに立つと、吉備や畿内へつながる瀬戸内海が彼方へとのびている。古代に運ばれた石棺の海路が夢のように浮かんだ。そして間壁の問いかけへの一応の成果として、「石棺輸送論」（一九八三年）をまとめた。

間壁が指摘した瀬戸内、畿内の一〇例の石棺が熊本県北部の菊池川、南部の氷川《ひかわ》流域の阿蘇灰色凝灰岩製であること、石棺の形が熊本の古墳出土のものと同じであることを論証し、「熊本から運ばれた」と断じた画期的な論文だった。

ただ、このときは灰色の凝灰岩石棺のことだった。宇土にだけ大岩層がある阿蘇ピンク石は、まだ近世に肥後藩が御用石につかった石として地元だけに知られていたにすぎなかった。

しかし「石棺輸送論」から二年後、高木はその阿蘇ピンク石に古墳のなかでであう。

宇土のヤンボシ塚古墳だ。

「石室の仕切り石が盗掘で抜かれていて、ちょっとがっかりして抜き跡を見ると、床面《ゆかめん》が真っ赤に染まっていた」。阿蘇ピンク石の粉が積もっていたからだ。これが古墳石材としての阿蘇ピンク石の、目にも鮮やかな登場だった。

標的は、灰色石からピンク石へうつった。さらに一〇年。関西や岡山で二上山ピンクと思われていた石棺が実は阿蘇ピンク石製であることが、渡辺一徳との共同研究でつぎつぎとあきらかになる。

発掘前の植山古墳（橿原市教育委員会）

ただ、同じ阿蘇凝灰岩でも灰色石の石棺とピンク石の石棺では、ある決定的なちがいがあった。

灰色石棺は地元・熊本の古墳にもたくさんある。ところが、ピンク石は石室構造物に一部つかわれるが、その石で造られた石棺は地元にはまったくなく、畿内とその周辺の特定の古墳にしかないのだ。

たとえば大王陵級の峯ヶ塚《みねがづか》古墳（大阪府羽曳野市）、奈良盆地中央の東乗鞍古墳（奈良県天理市）などだ。「大和の大王家にだけ特別に造られた石棺ではないか」。一九九八年に今城塚で阿蘇ピンクの石棺片を見つけたのは、高木にそうした考えが浮かんでいたころだった。

そこに、さらに新発見の知らせが飛びこんでくる。

奈良県橿原市。奈良盆地の西南部、明日香村とともに飛鳥時代の中心地だ。

二〇〇〇年夏、教育委員会文化財課の濱口和弘は市南部の丘陵ぞいで「やぶれ古墳」を掘っていた。

ピンク石棺と濱口和弘氏（後方左）

やぶれ古墳とは、後世の盗掘や石材取りで石室がなかば壊されてしまった古墳のことだ。その古墳も、石室の天井石が抜かれ、なかは土砂に埋まり竹が生い茂っていた。

西側には竹林をとおして、有名な見瀬の丸山古墳が見える。立地としては最高としても、さほど期待がもてないそのあわれな植山古墳のうえで、濱口はゆるゆると作業を始めた。

ところが、竹林を放逐して石室内の土を掘り下げると、意外に浅いところで石に当たった。「ええ？　もう床面かいな」。石室の床には玉石が敷いてあることが多い。だがそれとはちがい、角ばっていて横に倒れた石柱のような形で水平につづいていた。胸騒ぎを抑えながらそれをたどっていくと、直角に曲がって方形になった。

石室内におかれたおおきな石の箱、つまり石棺の身だ。掘りひろげていくと反対側の角に斜めにずれ落ちた分厚い切り石の蓋も顔をだした。身は長さ二・四メートル、幅一・五メートル。蓋も加えると全体の高さは一・七メートル、大王級のおおきな石棺だ。しかも造られたときのままの完全な形。濱口はあぜんとした。

知らせを聞いて、古墳時代の石棺研究の第一人者である立命館大学教授・和田晴吾がやってきた。「これは……、すごいことですよ。阿蘇ピンク石だなんて」

推古女帝初陵・植山古墳東石室の阿蘇ピンク石棺（橿原市教育委員会）

その石棺は、まるで桜の花で染めたようなピンク色の石でできていたのだ。

これが、推古女帝と子の竹田皇子が合葬された推古初陵の発見だった。飛鳥時代を象徴する女帝・推古。継体大王の孫でもある彼女が眠る古墳に、阿蘇ピンク石の石棺が埋もれていた。

竹を切り払った墳丘のうえから、推古の父である欽明大王陵とされる丸山古墳が、濱口の目にさらにまぢかに見えてくるのであった。

王権の中枢で

「土師《はじ》ノ里」という近鉄南大阪線の駅が大阪府藤井寺市にある。

五世紀代の大王陵がならぶ河内の古市古墳群のまんなか。大阪湾側にある有名な仁徳天皇陵・大山《だいせん》古墳を中心とする百舌《もず》古墳群とともに、ここに王権の中心があったとする「河内王朝」の舞台だ。古市はこの一帯の郡名。市内の道明寺天満宮には、九州ゆかりの菅原道真がまつられている。菅原氏のおおもとの祖先が土師氏だ。

大阪都市圏の一角、ビルや家並みがびっしりとたてこんでいるなかに、古代のおおきな古墳の森を見ることができる。埴輪《はにわ》作りの一族だった土師氏もむかし、ここに拠をかまえて埴輪や古墳造りに精をだしていたのだろう。

土師ノ里駅の改札口をでて車がゆきかう交差点を渡ると、道明寺小学校がある。その正門わきに古墳時代の石棺がふたつならんでいる。

それは、九州の阿蘇凝灰岩で造られた石棺だ。

車の騒音、子供たちの河内弁。そのなかにひっそりとおかれた阿蘇石の石棺。古墳から掘りだされて長いあいだ風雨にさらされたらしく、風化したその姿を見ていると、「あの時代によくぞここまで」と胸が熱くなった。

允恭大王陵そばの長持山石棺（右・一号棺，左・二号棺）

正門前の民家のむこうにおおきな古墳の森が見える。全長二三〇メートルの允恭《いんぎょう》大王陵・市野山《いちのやま》古墳（五世紀なかごろ）だ。

小学校におかれた石棺は、その允恭陵によりそう陪塚《ばいづか》（陪冢《ばいちょう》ともいう）の長持山《ながもちやま》古墳から見つかった。

陪塚は大王の側近や寵臣のものとされる。大きさも四〇－五〇メートルと豪族なみ。なかでも長持山のように本陵すぐちかくのものは、被葬者の位が高い古墳だ。人ではなく武具類だけを何百点も埋設した陪塚もある。これはいわば秦始皇帝陵に付随する兵馬俑のようなものか。

長持山古墳のふたつの石棺のうち、時期が古い一号棺は熊本・菊池川流域産の阿蘇灰色石でできている。新しい方の二号棺は、少しかわっていた。蓋は灰色石なのだが、遺体を納める身は阿蘇ピンク石だ。じつは阿蘇ピンク石の地、宇土半島・馬門の岩層には、ピンク石とともに灰色石もある。その灰色石がこの石棺の蓋石につかわれていた。つまり一号棺は菊池産の石だったが、二号棺では宇土産の石にかわっているのである。

この場合、允恭大王に仕えた人物が大王陵と同じころ造られたとみられる長持山の一号棺に葬られ、その数十年後かに彼の子息のものであろう二号棺が追葬された、とみられる。灰色石とピンク石を組み合わせた二号棺の時期は五世紀末、允恭の子である雄略大王ないしその次代のころの人物とみられる。

長持山のように允恭大王陵をかこんでいる古墳がいくつかある。唐櫃《からと》山《やま》古墳もそのひとつ。「長持」にしても「唐櫃」にしても、地元の人が墳丘に露出するなどしていた石棺を見て形が似た身近な調度品から名づけたのだろう。その名のとおり唐櫃山にも石棺があった。それは長持山一号棺と同じ、菊池産の阿蘇石だった。

これらは五世紀なかごろの允恭の時代に、大王の近臣に阿蘇石石棺を採用する豪族が二人いたことを物語る。しかも、いっぽうは子の代まで阿蘇の石にこだわっている。

大王近侍《きんじ》の人物の古墳石室の副葬品は、唐櫃山では銀製の飾り金具、金銅（銅に金）張り鉄製の轡《くつわ》（馬具）、甲冑《かっちゅう》・刀剣類だ。長持山一号棺のそれは金銅製鞍金具や剣菱形の杏葉《ぎょうよう》などの馬具類と甲冑・刀剣類、それに明治年間に掘りだされた中国鏡・神人画像鏡がいまはボストン美術館に所蔵されている。

考古学のデータでは、日本全国で出土した古代の甲冑のうち五世紀代のものは約四〇〇〇点ある。このうち畿内が三分の一、大王陵を中心とする古市・百舌古墳群だけで五分の一が出土している。刀剣類も膨大《ぼうだい》な数だ。大阪府池田市立歴史資料館の田中晋作は、これを「当時の日本でここだけに存在した強大な軍事組織、つまり常備軍がいた」とみる。

鉄製の甲冑は、この時代はまだ族長クラスしか身につけていない。その甲冑武将の二〇%が大王軍、一〇%強が畿内のほかの中央豪族軍の指揮者、あとの六〇%強が全国に割拠する地方豪族軍の指揮者ということになる。簡単には計算できないが、これが当時の大王軍と各勢力の軍事力の比率にほぼ相当する数字だろう。

大王軍が最大だが、王権に直接つながる者、距離をとる者、対抗する者など、豪族たちがまだ合従連衡を繰りひろげていた時代だ。

日本最大の軍事組織でもあった「河内王朝」。その王朝の政治・軍事の統帥者である大王を補《ほ》弼《ひつ》したのが、長持山、唐櫃山の被葬者だっただろう。その王権中枢の人物の遺体を納めたひつぎが阿蘇石の石棺であることは、なにをあらわすのか。

阿蘇石石棺は、それ以前にも菊池川流域産などの灰色石が畿内縁辺部の豪族の墓にわずかながらはいっている。それが畿内中枢にはいるのは、この五世紀なかごろの允恭陵陪塚のふたつの古墳が最初だ。

畿内とその周辺での大王陵石棺をふくむ何百基という在地石材の石棺にくらべ、これまで発見された阿蘇石石棺の数はぜんぶで一七基（吉備・瀬戸内を入れると二四基）にすぎない。石棺の九州からのはるかな旅路を考えれば、それがきわめて「貴重品」だったことはいうまでもない。そして五世紀末に畿内中枢にはいるピンク石は、その後、大王陵や限定的な有力古墳にだけに納められる石棺となる。

大王に近侍した人物のひつぎの、阿蘇灰色石からピンク石への転換。「大王家のひつぎ」の道がここから始まっている。

大王家の玉纏大刀

「河内王朝」。それは大阪南部、河内の地に五世紀代の大王陵がならんでいることによって名づけられた。その前の大王陵は大和盆地のなかにある。大王陵が大和盆地から大阪湾にのぞむこの地に進出するのは、この時期の大和王権の海への進展をあらわしているのだろう。

その王朝も五世紀後半は、また大和盆地東南部に王宮をもって拠点をうつす。大王陵は河内でも、ずっと大和にも拠点があったという人もいる。これからすると河内・大和王朝とよぶほうが正しいのかもしれない。だからカッコつきで「河内王朝」と表記する。いずれにしろ大和王権であることにかわりはない。

その「河内王朝」の二大拠点、古市古墳群で一番おおきな古墳は、全国第二位の規模の応神大王（五世紀初頭に推定）の陵墓とされる誉田御廟山古墳《こんだごびょうやま》だ。全長四二二メートルの前方後円墳で、羽曳野市誉田にある。

代々の大王の事績をしるす古事記や日本書紀には、それぞれ陵墓の地名が書かれていることが多い。たとえば允恭大王の場合、古事記・允恭記に「御陵は河内の恵賀《えが》の長枝《ながえ》にあり」、書紀・允恭四二年に「冬十月……、天皇を河内の長野原陵に葬りまつる」とある。歴代の陵墓は、これら記紀（古事記と日本書紀）の記述と『延喜式』の諸陵式、『和名抄』での古い地名と対照して定められ、近世に徳川幕府が選定したものもくわえて宮内庁が指定・管理している。

なかには古墳の墳形の編年や周濠の改修時などに見つかった祭祀土器（須恵器）や埴輪片の編年からみて考古学的にあわないものも多いが、允恭大王陵を市野山古墳にあてるのは文献・考古両面から妥当とされている。

さて藤井寺の允恭陵と阿蘇石石棺を見たあと、土師ノ里駅から近鉄南大阪線下り電車に乗ると、ふたつ目で古市駅に着く。藤井寺と接する羽曳野市の中心にあるこの駅の北側が応神陵がある誉《こん》田《だ》、西側は白鳥《しらとり》という地名だ。

白鳥は、あの伝説の英雄・日本武尊《やまとたけるのみこと》を象徴する鳥。

倭《やまと》は国のまほろばたたなづく青垣山隠《やまごも》れる倭しうるはし

古事記は、東征の帰りの鈴鹿（三重県）で病を発したヤマトタケルが、こう大和をしのんで亡くなったと悲劇的にしるす。死ののち、タケルの魂はおおきな白鳥となって天に翔《か》け、その白鳥が河内国の志幾《しき》（書紀では旧市邑《ふるいちむら》）に留まったのでそこに御陵が造られた。「すなわちその御陵を号して白鳥の御陵という」。弱冠三〇歳にして斃《たお》れた若き英雄を美しい白鳥のすがたに映し、物語るのである。

その白鳥陵として宮内庁に指定されているのが、古市駅西側にある前の山古墳（全長一九〇メートル）だ。その西には、雄略大王の子・清寧《せいねい》の陵墓とされる白髪山古墳（一一二メートル）もつづく。

白鳥陵・前の山古墳の築造時期は、墳丘の形や出土埴輪の技法が允恭陵・市野山古墳よりやや新しく、市野山につづく年代が想定されている。允恭より八代前の景行の皇子とされるタケルの墓としてはおかしい。かたや清寧陵・白髪山古墳は書紀にしるす清寧没年は西暦四八四年となるが、それは周濠からでてきた埴輪片の年代といちおう矛盾しない時期だ。

羽曳野市教育委員会は、その清寧陵の北西にある五世紀末の峯ヶ塚古墳（九四メートル）を一九八七－九二年にかけて発掘調査した。

史跡整備のための確認調査だったので縦半分しか発掘されなかったが、石室は大規模な盗掘をうけていた。その石室を掘っていた羽曳野市教育委員会の吉澤則男は、土のなかに石片がおびただしくまじっているのに戸惑った。カチン、カチンと石片が当たって掘りにくいことこのうえない。だが、取りだしているうちに、じつはうち砕かれた石棺の破片であることに気づいた。しか

峯ヶ塚古墳（羽曳野市教育委員会）

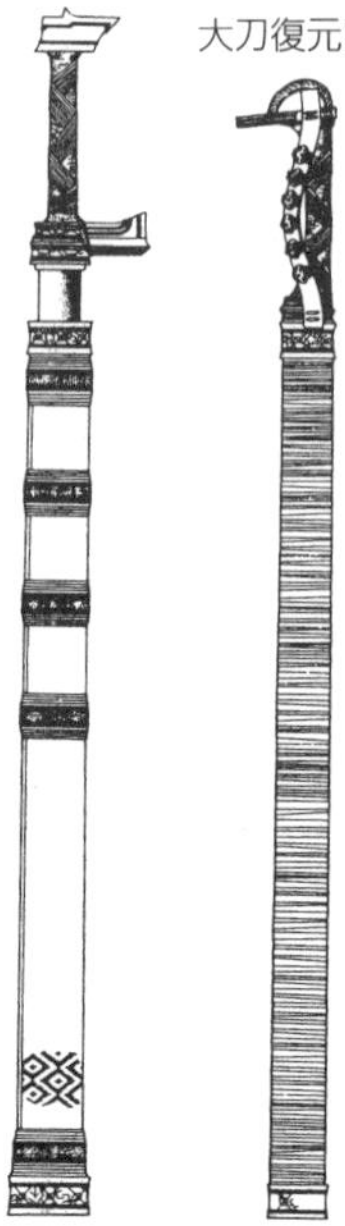

大刀復元図

峯ヶ塚古墳石室内での出土状況と大刀の復元図（羽曳野市教育委員会）

も灰色の石と赤い石の二種類あった。

ちょうど、それまで二上山ピンクとされていた長持山二号棺の身の石が、高木恭二の共同研究者である渡辺一徳によって阿蘇ピンク石と鑑定され、畿内の研究者が阿蘇ピンクという石があるのを知ったころだった。

高木―渡辺の鑑定で、峯ヶ塚のそれが宇土産の灰色石の蓋とピンク石の身の石棺の破片群であることがわかった。この組み合わせは、まさしく長持山二号棺と同じだ。時期も五世紀末。

盗掘されていたにもかかわらず、吉澤らが石室の床にはいつくばって探しだした副葬品ののこりは、その豪華さをとどめていた。青いガラス玉で装飾された金銅製の冠や金の耳飾りなど渡来系の金銀玉製品、銀製花飾りをちりばめた敷物のうえにおかれた一一振りもの儀礼用大刀、鞍などの馬具多数。そして、のちに伊勢神宮の神宝となり「大王家のシンボルとしてその象徴性がひき継がれてゆく」（吉澤）玉纏大刀《たまきのたち》（把《つか》を玉類で飾った特殊な大刀）の祖型とされる大刀も副葬されていた。その組み合わせは奈良・藤ノ木古墳（六世紀後半）とよく似ていた。

吉澤は、副葬品からみる被葬者像をこうえがく。「玉纏大刀の祖型の大刀は大王家との関係を誇示する新たな威信財としてこの被葬者が保持したもの。大王家の伝統や系譜を重んじながらも新しい感覚を身につけた人物」であると。

それからおよそ一世紀のちの豪華な玉纏大刀が発見された藤ノ木古墳。被葬者のひとりとして有力なのは六世紀末の王位継承候補者・穴穂部皇子《あなほべのみこ》だ。推古女帝と蘇我馬子に殺された悲劇の皇子。順当であれば王位に最もちかい大王家の有力王族だった。

峯ヶ塚の玉纏大刀がしめす大王家の象徴。その王族はだれなのか、なぜその人物が阿蘇石石棺に葬られていたのか。ヤマトタケル伝説や清寧、仁賢とはたしてどのような関係があるのか。

高木はこういう。「被葬者が大王家のだれであったにしろ、この峯ヶ塚以降、阿蘇ピンク石棺が大王家のひつぎとなる」

海を渡った「玉手箱」

石棺は玉手箱のようなものだ。

そのなかに歴史という時間が閉じこめられていて、蓋をあけると一気にそれが飛びだしてくる。浦島太郎になりはしないが、飛びだしてきたわけのわからないものに戸惑い悩まされる。

とくに阿蘇石石棺の場合、まず考えこむのは、人が何人かかってもなかなか持ちあげられそうにない重い石の「玉手箱」が、はるかな海を渡ったことだ。

石材産地からそれが納められた古墳まで、遠近の差はある。たとえば畿内では同じ凝灰岩の竜《たつ》山石《やまいし》の石棺が多いが、その産地・加古川河口域（兵庫）からは、東へ約二〇キロの明石海峡をとおればもう大阪湾だ。また大阪・奈良県境にある二上山はよりちかく、川を中心とした水路を大和や琵琶湖沿岸に運ばれた。

しかしこの時代に、海路一〇〇〇キロ（二〇〇五年の「大王のひつぎ実験航海」での航程）を隔てた九州から運ばれたとは、だれが想像できただろう。

それを最初に思ったのは間壁忠彦だった。重い石棺はちかくの石材産地からというのが考古学の常識だったころだ。

間壁と、共同研究者の妻・葭子《よしこ》は「岡山の石棺の石に、岡山の石ではないものがある」ことか

■図3　舟形石棺（肥後の三型式）

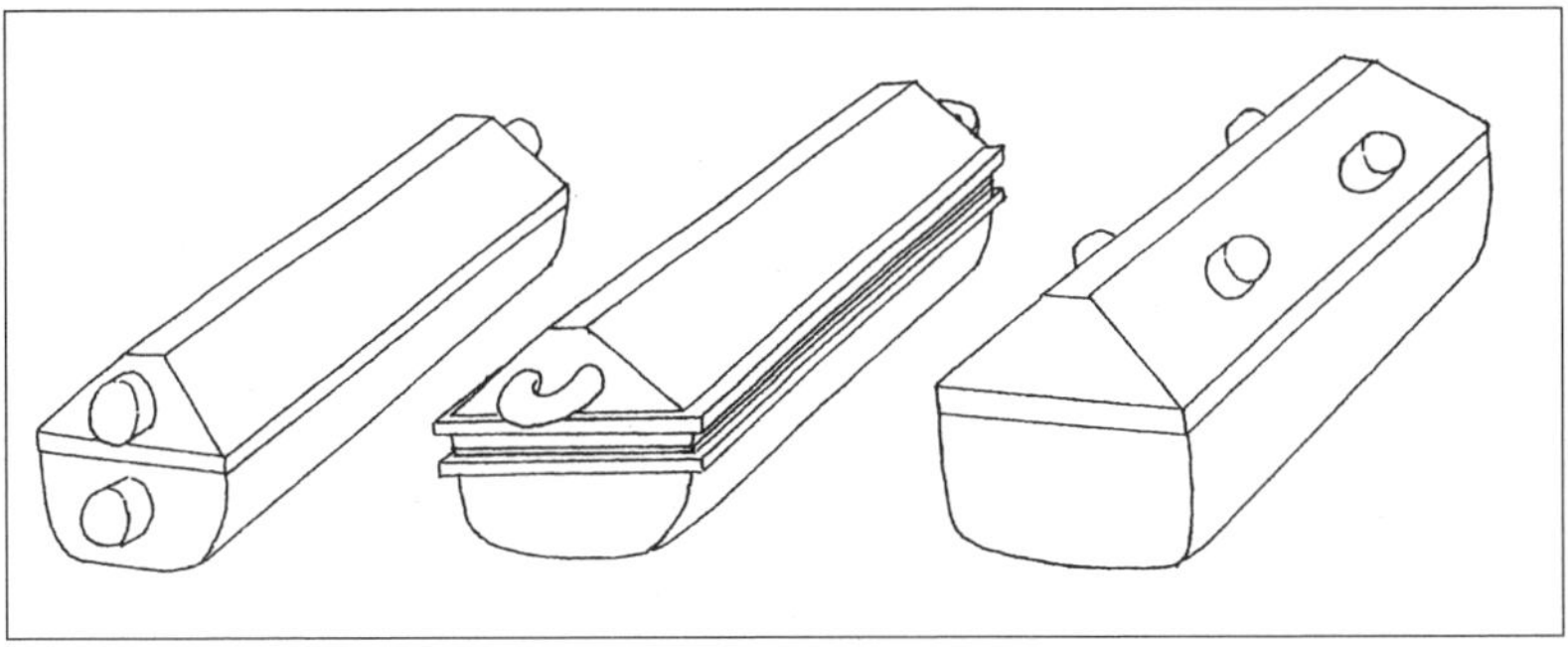

ら、その研究を始めた。調べていくと、となりの播磨の竜山石がその大半。讃岐の石もあったが児島半島と香川・坂出は指呼の間、直島諸島伝いでもすぐだ。そのなかで、兵庫県たつの市御津《みつ》のかわった形の石棺と岡山県赤磐《あかいわ》市山陽町の小山古墳にある石棺が、よく似た灰色石であるのに気づいた。一九七三年、間壁らは岡山大学理学部地質学教室教授・逸見《へんみ》吉之助をつれて小山の古墳を検分、逸見が「これは阿蘇溶結《ようけつ》凝灰岩だ」といったのが、海を渡った阿蘇石石棺の研究のはじまりだった。

　だが石材鑑定だけで「文化」は語れない。その石材産地と吉備との地域的交流をしめす同じタイプ（様式）の石棺を探さなければいけない。その同じ様式の石棺を探して間壁は九州へ調査旅行にゆき、髙木恭二とであうのである。

　ただ、石材には関係ない石棺の形だけの波及、つまり「様式の伝《でん》播《ぱ》」は、それまでの考古学者たちの石棺研究によって知られていた。

　石棺は有力首長のみにもちいられたが、地元の石材をつかっても形（様式）には地域的な共通特性がある。

　畿内では、古墳時代前期（三－四世紀）は日本特産のスギ科の常緑高木・コウヤマキの木棺が高貴な人物のひつぎだったが、前期後半の四世紀なかばに竹を縦に半裁したような割竹形石棺の様式が四国東北岸からはいってくる。それが中期（五世紀）からは後世の衣類調度品入れの「長持」のような形に切り石を組み合わせた長持形の石棺となり、大王墓などおおきな古墳の石棺はこの形に統一され、石材も竜山石が主流になる。

この竜山石長持形石棺について、間壁はこう宣言する。「河内大王家の新しい権威をしめすための新しい長持形石棺への転換、そのための新しい石切場（石材）の開発」（『石棺から古墳時代を考える』）だと。

いっぽう、九州では弥生末以来の板石で四周をかこんだ箱式石棺から、割竹形と同じころに丸木舟の底のようなやや扁平に湾曲した身と蓋（のちに屋根形に発展）をあわせる、舟形石棺が出現する。ちなみに、舟は死者を黄泉《よみ》の国におくるという発想から六世紀の九州の装飾古墳の壁画に多く描かれており、この地域の葬送思想をあらわしているようだ。

そして、この舟形石棺の様式は九州から発し、瀬戸内沿岸、山陰や越前などの日本海沿岸にひろく分布していく。いわば、瀬戸内東端部や畿内周辺の割竹－長持形の主分布地を取りまくように存在する。これが「様式」の波及、つまり伝播だ。

では「石棺の移動」とはどういうことだろう。それは石材産地で石棺自体を造って、それを納める古墳まで運ぶことだ。それまでの研究で古墳前期に讃岐石の石棺が讃岐東部から播磨灘を渡って「河内王朝」以前の大阪へもたらされていたことがわかっていた。だが小豆島－家島諸島伝いか淡路島ぞいだろうからそれほどの海路ではない。しかも讃岐石が大王陵にはいる例はない。九州の外海から瀬戸内海の東までといった石棺の長距離移動、そして大王陵に納められるのは、間壁忠彦、高木恭二らの研究と最近の発掘調査ではじめてわかったことだ。

ここで少し技術的なことにふれてみよう。

推古初陵・植山古墳の石棺は、石材は阿蘇ピンク石だが形は畿内様式の石棺だ。このため九州から原石を運んで築造中の古墳のそばで畿内石棺の「設計図」にしたがって造ったとの見方もあった。しかし植山古墳の墳丘の発掘で、墳丘や石室を埋めた土のなかから阿蘇ピンク石の薄い石片がでてきた。それには鑿《のみ》のあともついていたが、原石から石棺を造りだすためにくり抜いたような石塊はなかった。これは到着地の古墳ではこまかに整形する最終仕上げだけをしたということを物語っていた。つまり九州で石棺に造られ、それがはるか海を渡ってきていたのである。

じっさいに古代の技術レベルで石棺を運んでみると、それがたいへんな苦労であることがわかる。重いものをできるだけ軽くして運ぶというのは古今東西の共通原理。原石を石棺の形にくり抜いて運ぶほうが運搬労力を軽減できる。東南アジアの民俗例でも、森林のなかで伐採した丸太をその場でくり抜いて丸木舟に仕立て、それから山からおろして海岸まで運んでいる。

そして海。古墳時代は陸上の官道はまだ整備されていない。重量物の陸上搬送は修羅《しゅら》（古代の大型木ゾリ）をつかうが、この時代の川には橋もかかってはいない。九州から大和までの陸路をさえぎって直交する何百という川に遭遇するたびに、修羅からおろして船に積み、対岸でまた修

大王のひつぎ実験航海──2005年夏，有明海・宇土から大阪湾・淀川河口まで古代船「海王」が石棺を積んだ台船を曳いて34日間の航海をした

羅に積みかえる。石棺の重さを考えると、それは一回だけでも大変な作業だ。しかも凝灰岩は柔らかく（それが石棺に加工する利点だが）すぐ割れたり欠けたりする。そもそも川に堤防はなく、周囲に広大な氾濫《はんらん》原湿地がひろがっている。修羅は平坦でかたい地面でしか使用できず、湿地でははまりこんですぐ身動きがとれなくなってしまう。古代には石棺の陸上での長距離輸送は不可能だ。だから船に載せて海を運んだ。

大規模な兵員・物資輸送をふくめ古代に海上交通が重視されたのはこのためだろう。それでも大阪湾程度ならまだいいが、瀬戸内海の複雑な潮流、東シナ海や玄界灘の荒海を乗り越えるのは、「不可能」ではないが大変なことだ。この、石棺が「どうやって海を渡ったのか」は、二〇〇五年夏の宇土から大阪まで一〇〇六キロメートルの海路を運んでいった「大王のひつぎ

実験航海」で実証されている。その記録報告書『大王のひつぎ海をゆく——謎に挑んだ古代船』（海鳥社）が市販されているので、くわしくはそれを見てほしい。

阿蘇ピンク石棺が「なぜ、海を渡ったか」。玉手箱から飛びだしてきた最初の謎にもどろう。

畿内vs石棺同盟

なぜ石棺が海を渡ったか。これを考えるために、まずその「様式」が海を渡ったことの意味を探ってみよう。

九州からの舟形石棺の瀬戸内沿岸などへの様式伝播について、考古学者の和田晴吾はこういっている。「畿内と政治的に距離が遠いところが舟形をもちいており、その形の共有は同族であることやその政治的テリトリーをあらわしている。同族というのは政治的結びつき＝同盟を保証するための婚姻関係をもった豪族同士のことで、その政治的結びつきを実体的にあらわすために同形の棺がもちいられたのではないか」

石棺には製作後の運搬・石室搬入のための「縄かけ突起」があり、それが同じ舟形石棺様式で

西谷山石棺・蓋（福井県立歴史博物館）

の「型式」のちがいを特徴的にあらわす指標となる。その突起の位置などが同じ型式の舟形石棺が、筑紫と日本海をへだてた越前にある。福岡県の石神山古墳（みやま市）石棺と福井県の近接した西谷山（福井市）、二本松山（永平寺町）両古墳の石棺だ。

ふつう縄かけ突起は、前後（小口）にはひとつずつのものが多い。しかしこの三棺は、側面に左右ひとつずつ、前後がふたつずつあるかわりダネだ。石材はそれぞれの地元の石だが、この特異な形を九州のある豪族と福井のある豪族が共有しているわけだ。和田はこれを「大和王権をとおさないで越前と九州の豪族の首長が日本海をとおして連携していたあかし」とみている。

全国で出土している舟形石棺は約一九〇基。うち熊本県が六三基と最多だが、つぎが福井県

石神山石棺（みやま市教育委員会）

の二三基だ。玄界灘と日本海は一衣帯水。九州の豪族と越前の豪族が海をとおして交流・同盟していたことがわかる。

一五〇〇年前に納められた豪族たちの遺骸は朽ちはててすでになく、ただ無機質な石の箱にすぎない石棺だが、その形と分布でこんなことがわかる。それが考古学のおもしろさでもあるのだろう。

さて様式だけではなく、「石棺そのもの」が九州から渡ってきた藤井寺の長持山石棺。石材が阿蘇凝灰岩の灰色石とピンク石の二種類があった。ピンク石棺の前に灰色石棺が海を渡っていたことはすでにふれたが、ここで阿蘇ピンク石棺の〝前史〟ともいえる阿蘇灰色石棺のことをみてみよう。少しややこしくなるので、めんどうな人は図4、5を確認し、文は五三ページからでもいいだろう。

まずそれは、四世紀後半の八幡茶臼山古墳（京都府八幡市）の阿蘇灰色石でできた舟形石棺に始まる。その石は熊本南部の氷川流域の阿蘇凝灰岩（図4、5の▲印）だった。つぎに五世紀初頭とみられる朝臣一号墳（兵庫県たつの市御津）出土の石棺（一三四ページに写真）。これも氷川流域産だ。氷川はいまの宇土半島基部の南、不知火海北端にそそいでいる。もとは「火川」。のちに火君《ひのきみ》の拠点域として野津古墳群が形成されるため、古くからの豪族がいたのだろう。

ついで五世紀前半からなかごろにかけての讃岐の長崎鼻（香川県高松市）、観音寺丸山（同観音寺市）石棺。五世紀後半には同じく讃岐の青塚（同）、伊予の蓮華寺（愛媛県松山市）石棺とつづく。そして五世紀末の備前の小山古墳（岡山県赤磐市）石棺。この五例はいずれも熊本北部の菊池川流域の石（■印）の舟形石棺だ。「獲□□□鹵大王世」つまり雄略大王の実名である「獲加多支鹵《わかたける》大王のとき」と象嵌《ぞうがん》した大刀をだした江田船山《えたふなやま》古墳（五世紀後半―六世紀初頭）は、菊池川水運の江津の地としてふさわしい名だ。

五世紀末には、紀ノ川河口の大谷古墳（和歌山市）に氷川流域産灰色石の石棺もはいっているが、これだけは組み合わせ式の家形石棺だった（図4右上段参照）。

「豪族間石棺同盟」でいえば、まず四世紀―五世紀はじめに氷川豪族が畿内周辺部の二か所の豪族とむすび、五世紀前半には菊池川豪族が瀬戸内海四国北岸の豪族たちと関係をもった。菊池川豪族の石としては、允恭大王陵・市野山古墳陪塚の長持山一号石棺、唐櫃山石棺がある。つまり菊池川豪族は五世紀なかごろの段階で、瀬戸内海海路の四国北岸ぞいと、畿内「河内王朝」の

■図 4　阿蘇石石棺の分布

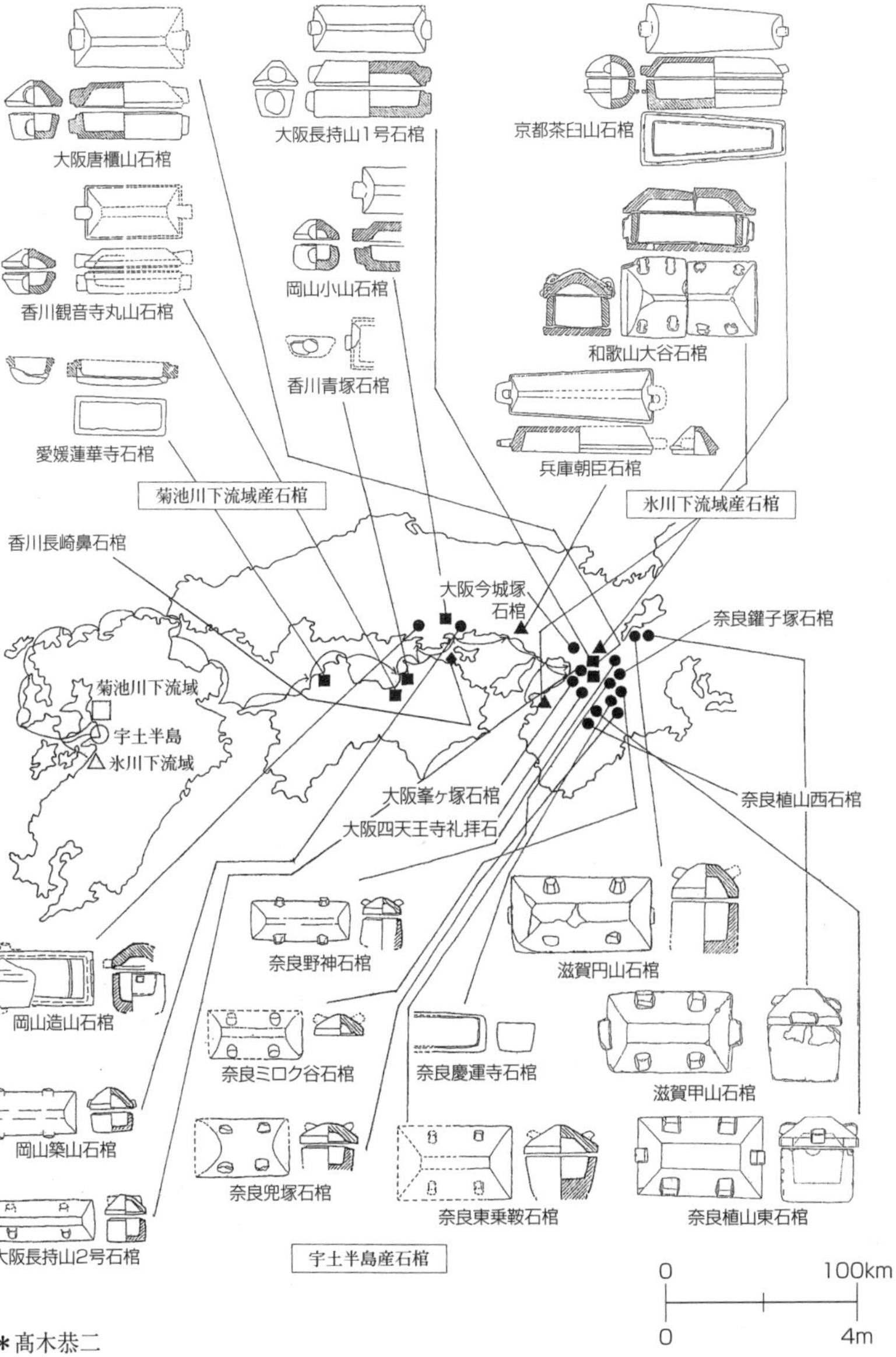
大阪長持山1号石棺
京都茶臼山石棺
大阪唐櫃山石棺
香川観音寺丸山石棺
岡山小山石棺
和歌山大谷石棺
香川青塚石棺
愛媛蓮華寺石棺
兵庫朝臣石棺
菊池川下流域産石棺
氷川下流域産石棺
香川長崎鼻石棺
大阪今城塚
石棺
奈良鑵子塚石棺
菊池川下流域
宇土半島
氷川下流域
大阪峯ヶ塚石棺
大阪四天王寺礼拝石
奈良植山西石棺
奈良野神石棺
滋賀円山石棺
岡山造山石棺
奈良ミロク谷石棺
奈良慶運寺石棺
滋賀甲山石棺
岡山築山石棺
奈良兜塚石棺
奈良東乗鞍石棺
奈良植山東石棺
大阪長持山2号石棺
宇土半島産石棺
0
100km
0
4m

＊高木恭二

■図5　九州から運ばれた阿蘇石（灰色石→ピンク石）石棺の時代的変遷（植山を除く）

年代	伊予	讃岐	備中	備前	播磨	摂津	河内・和泉	大和	山城	近江	紀伊	若狭	志摩
									茶臼山 ▲				
400		長崎■ 丸山■			中島▲								
450	蓮華寺 ■	青塚■	造　山 ○	築　山 ● 小　山 ○			唐櫃山 ■ 長持山 ■● 峯ヶ塚 ●				大　谷 ▲	向山1 □	おじょか□
500						今城塚 ●		野　神● ミロク● 慶運寺● 鑵子塚● 東乗鞍● 兜　塚●		丸　山 ● 甲　塚 ●			

＊　■菊池川（北肥後型＝灰色石）　○宇土（中肥後型＝灰色石）　●宇土（ピンク石）
▲氷川（南肥後型＝灰色石）　□筑肥式横穴石室

大王近侍の中央豪族ともむすんだということがみえてくる。さらに雄略後の五世紀末、菊池川、氷川豪族はそれぞれ備前吉備氏、紀氏という王権と関係あった有力豪族ともむすぶ。

そして宇土（○、●印）は——。長持山二号石棺の蓋になった宇土産の灰色石だが、注目すべきはこの宇土石で造られた石棺が五世紀前半の吉備王の墓である造山古墳（岡山市）の前方部墳丘上にのこされていることだ。破壊された周囲の古墳から運びあげられたものか、もともとこの前方部に納められたものか不明だが、五世紀なかごろのものと推定される。五世紀なかごろから後半は、なぜか氷川産石棺の渡海が一時やむときだ。

宇土半島のつけねの南側が氷川流域を中心とする平野であるように、宇土と氷川は近接している。氷川豪族があらたな石材を開発したのだろうと私は考えている。宇土にあらたな豪族の登場を示す古墳の出現などないからだ。その宇土産の灰色石棺が吉備にはいり、やがてそれが畿内中枢にきて、さらにピンク石棺にかわる。その過程で吉備がひとつのキー・ポイントとなる地であることはまちがいないだろう。

まとめてみると、畿内近辺部への氷川、ついで瀬戸内・畿内への菊池川の灰色石棺の流れのなかに、宇土の灰色石が吉備を中継点として参入。五世紀末の同じ時期に紀州・大谷古墳の氷川灰色石、備前・小山古墳の菊池川灰色石の石棺、そして畿内中枢・長持山二号棺と峯ヶ塚古墳の宇土灰色石＋ピンク石石棺、ということになる。

畿内の大王墓石棺は切り石組み合わせの長持形のあと、舟形石棺のように原石くり抜き式で、蓋を家の屋根形に、身をおおきな箱形にする家形石棺にかわっていく。そしてそれがつぎの大王家の石棺の形となる。長持山二号棺は舟形だが家形の祖形ともされ、のちの継体大王陵・今城塚古墳（六世紀前半）、さらに推古初陵・植山古墳（六世紀末）の石棺も阿蘇ピンク石で造られた家形石棺だった。

阿蘇ピンク石棺は、ほかに五世紀後半に吉備氏系豪族の備前に一つ、継体時代の六世紀はじめ–前半に中央氏族・和珥《わに》・大伴のテリトリーである奈良盆地東部に六つ、息長《おきなが》氏の本拠地とされる近江に二つの、計九基の古墳にもはいる。このうち家形石棺は比較的時期がおそい三つだ。

おもしろいことに、早い時期の六つのなかに当時の畿内の様式であった長持形はない。のこりのすべてが「畿内を取りかこんでいた」地方豪族たちの様式の舟形石棺だ。これは長持山二号棺の家形祖型の舟形をふくめて、「継体は地方豪族を支持基盤に擁立された」という古代史学者の見解をうらづける考古学側のデータとなるのではないだろうか。

どうやら玉手箱というより石棺の標本箱にはいりこんでしまったようだ。だが、ばくとした歴史の時間をたどるとき、その道案内の目じるしを知っておくといい。おかげで「舟形石棺勢力が継体大王と関係ありそうだ」という案内役、いわば浦島にとっての海亀も見つけることができた。だがこの亀がめざすのは、竜宮城ではなく、大王たちの奥津城《おくつき》。

ながい日本の歴史のなかでの、五世紀末から六世紀前半のほんの数十年。その時代に集中して、王権中枢にいた王族と継体大王、そして彼らを支えたであろう中央氏族らわずか一二人の特定の人物が葬られたにすぎない阿蘇ピンク石棺。そしてそれが約六〇年後の飛鳥時代はじめの推古初陵にひとつだけ〝復活〟する。

雄略後の混乱と継体新王朝成立、その継体王朝後の変事。そして推古朝成立時の王位継承をめぐる血なまぐさい宮廷戦争。いずれも古代史上で「動乱の時代」といわれるときに、阿蘇ピンク石棺は出現する。この石棺がこれらの古代史の謎がつまった玉手箱だと思うのはこのことからだ。これからその箱の蓋を、時代をおって開けていこう。

允恭から雄略へ

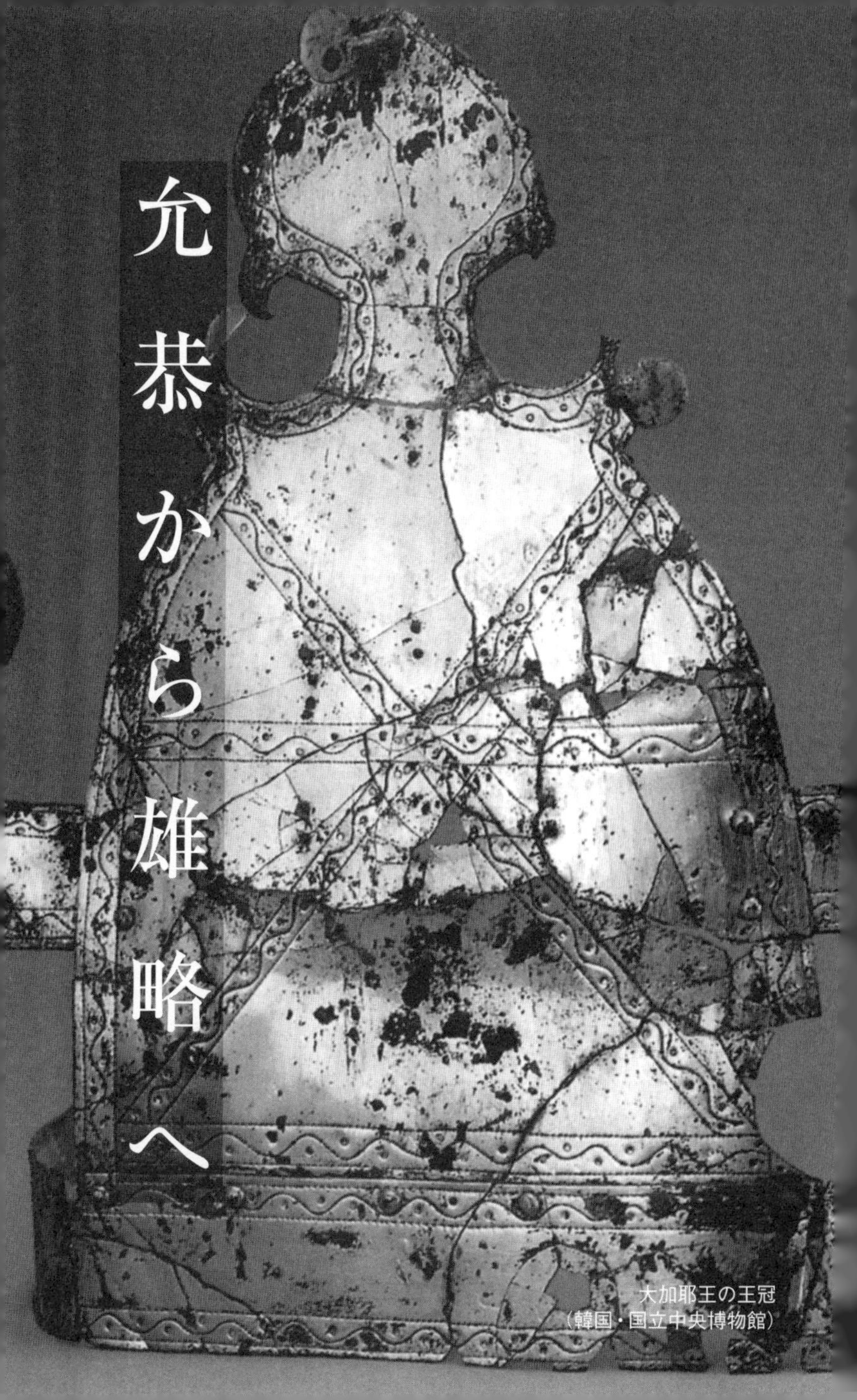

大加耶王の王冠
（韓国・国立中央博物館）

倭の五王の時代

「昔より祖禰《そでい》(先祖代々)、みずから甲冑を擐《つらぬ》き、山川を跋渉《ばっしょう》し、寧処《ねいしょ》に遑《いとま》あらず(休むことがなかった)。東は毛人を征すること五五国。西は衆夷《しゅうい》を服すること六六国。渡りて海北を平らぐること九五国」

有名な、『宋書』夷蛮伝倭国の条に見える倭王・武の宋皇帝への上表文だ。文中の「海北」というのは、海北道中つまり玄界灘の海路を北に渡った朝鮮半島の国々をいう。九五国というのは少し大げさに思うが、新羅や高句麗に対抗するため、宋から安東大将軍の称号(官職)を与えてもらうのが目的の上表文なので、とくに強調したのだろう。そのおかげか宋・順帝は、代々の倭の五王念願の「大将軍」の号を武にあたえている。四七八年のことだ。

五世紀は、この『宋書』に四二一年に遣使したと記録されている倭王・讃をはじめとする珍・済・興・武とつづく「倭の五王」の時代だ。

ここで『宋書』にしるされた五王が、古事記や日本書紀など倭国側の史書にある倭の大王(「天皇」は記紀が編纂《へんさん》された時代の称号)のだれに相当するのかみておく必要があるだろう。

記紀によるこの時期は、応神→仁徳→履中→反正→允恭→安康→雄略とつづく時代にほぼ対応する。それらの天皇の名や血縁関係と、『宋書』での漢字一字の倭王名の音訓の類似や血縁関係の照合で、讃、珍をのぞき三王についてはおおむね一致している。

それは、済＝允恭、興＝安康、武＝雄略だ。

先の二代は、讃は応神、仁徳、履中のいずれかとされるが、仁徳、履中の両説が拮抗している。

珍は反正とするのが最有力だが、讃＝応神説では仁徳となる。これを前提に話をすすめよう。

■図6　倭の五王と継体大王系譜

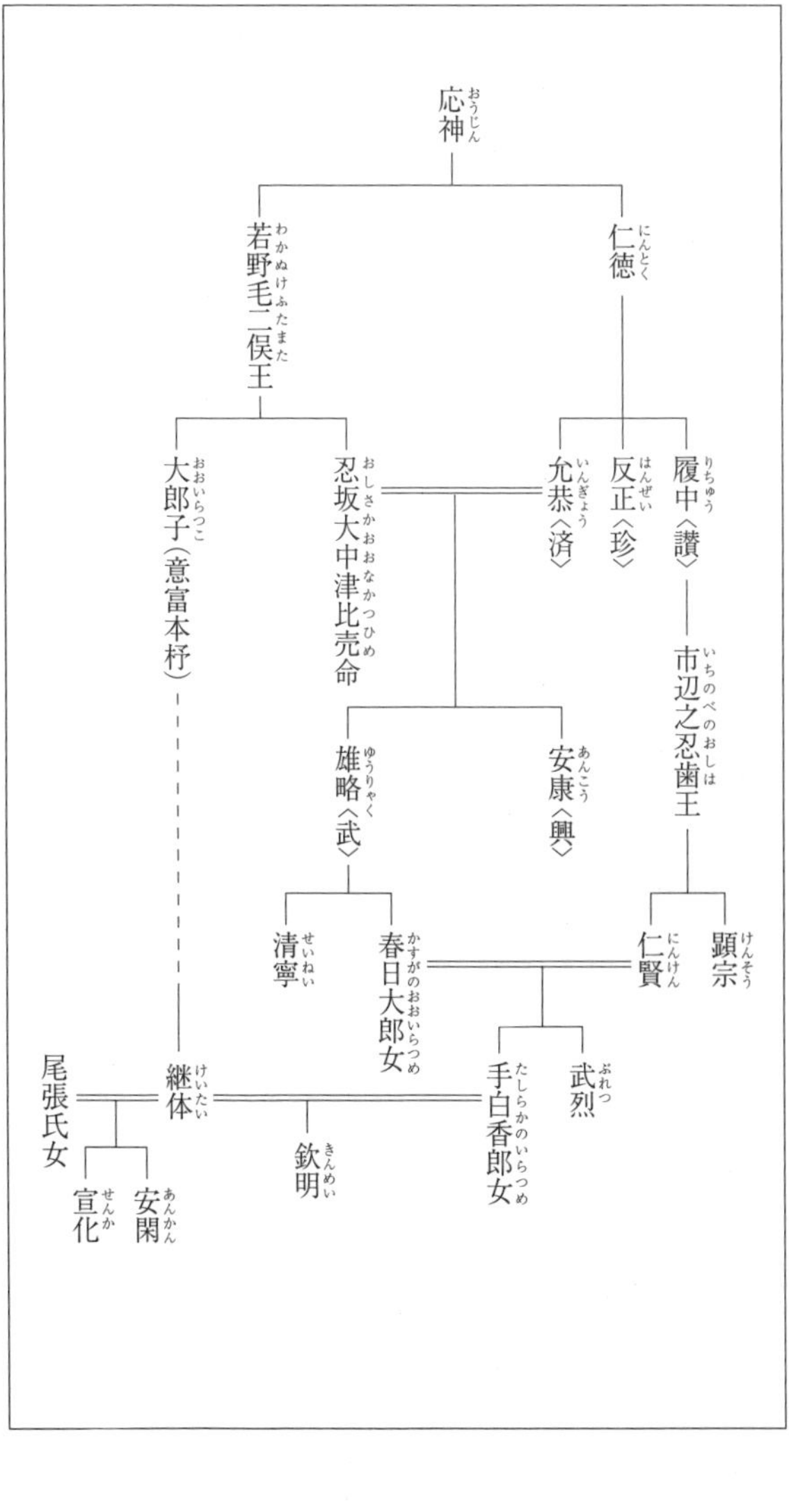

仁徳天皇陵＝大阪府堺市

倭王・武（雄略）の上表文にあるように、この時代は国内で大和王権の地方征討戦が繰りひろげられ、朝鮮半島の情勢が動いていた時期だった。

この時代の国内の動向をしめす、考古学上の現象がある。

古墳時代の研究では、五世紀後半の時期で古墳時代中期と後期にわけている。その画期は、中期までに存在した大王墓以外の大古墳がこの時期以降になるとおおむねなくなるからだ。中期には、①大王墓、②有力豪族の大古墳、③有力豪族に従う中小豪族の中小古墳──といったピラミッド型の序列だった。これが後期になると中間の②「有力豪族の大規模古墳」が消え、ほぼ大王墓―中小古墳という序列になる。

立命館大学教授・和田晴吾は、これを「中期の枠組みは大王をふくむ大首長がそれぞれ各地を支配していた。これは共同体の大首長の把握によるいわば連合統治だったが、その大豪族をつぶし、かわりに（中小豪

■図7　中・後期古墳の階層構成と秩序

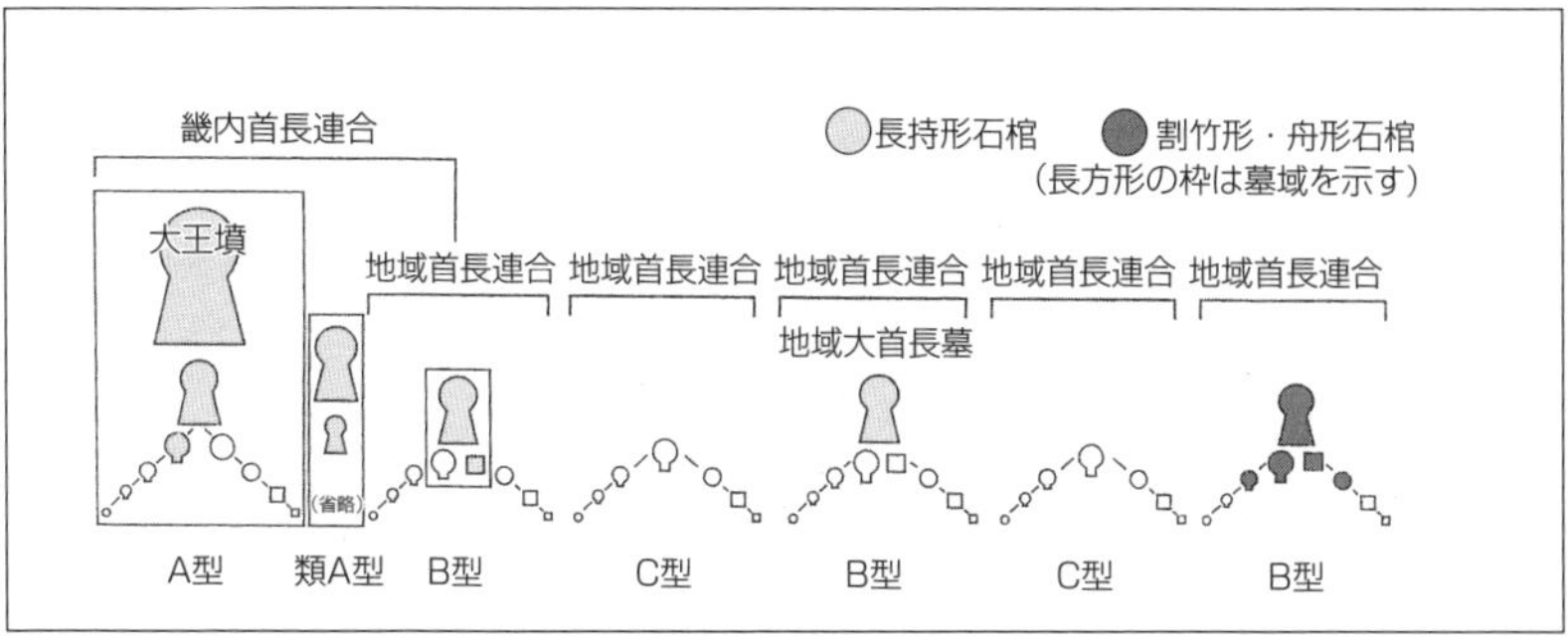

中期古墳の秩序と石棺

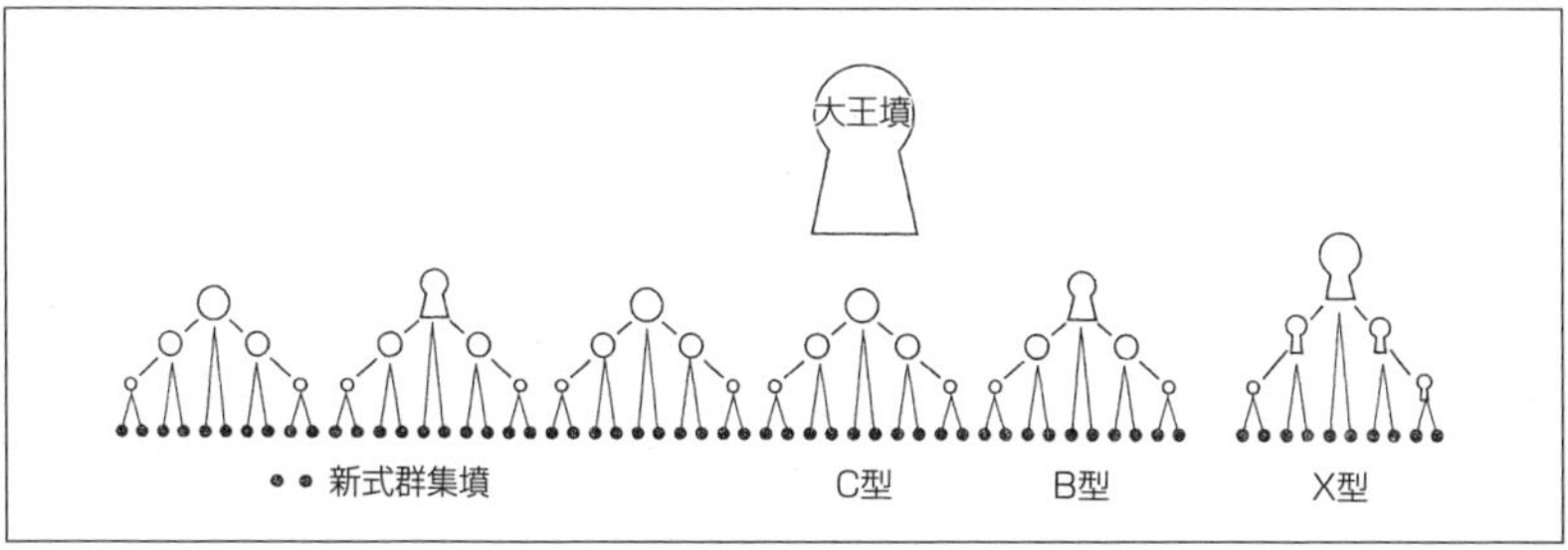

後期古墳の秩序

＊和田晴吾1998

族の）家長クラスを直接つかまえて中央集権化をはかったことをしめしている」とする。つまり大豪族という連合統治の結節点を排し、中小豪族を直属の配下に治めることによる王権の直接統治が始まったわけだ。和田はその時期、つまり後期のはじまりを五世紀後半の雄略大王の時代だとする。

　この考古学的現象は、じつは文献史学を専門とする古代史学者（考古学者とわける意味で）の時代認識に〝証拠〟をあたえるものだ。

　立命館大学名誉教授・山尾幸久は「雄略の時代には、王権の完成といってよい歴史事象が集中的にあらわれる」として、書紀にしるされてい

宇土馬門石切場遺跡

る王権との対立を理由にした葛《かつ》城《らぎ》氏、吉備《きび》氏の没落と、歴代后妃をだしてきた和珥《わに》氏の臣下化という「初期王権以来の三巨頭」の勢力低下をあげ、かわりに「史上最古の宮廷君主の出現。新興豪族が王権の中枢に台頭して宮廷臣下集団を形づくった」（『古代王権の原像』）としている。

　もう一人、京都教育大学教授・和田萃《あつむ》も、「古代の史料には、雄略朝を画期とするものがいくつか存在する」（『体系日本の歴史2・古墳の時代』）として、万葉集巻一の冒頭に雄略の歌が掲げられていることとあげ、さらに書紀が巻十四の雄略紀から持統紀までに古い暦（元嘉暦《げんかれき》）がもちいられているのに対して、それより以前の神武紀から安康紀にはのちに倭国に伝わった新しい暦（儀鳳暦《ぎほうれき》）がもちいられていることから、雄略期から王朝の記録が記されるようになったため、当時の古い暦による記述がのこったのだとしている。つまり、その時期にそれだけ大和王権の体制がととのったということだ。

この中央集権化は、東の埼玉県・稲荷山古墳、西の熊本県・江田船山古墳《えたふなやま》出土の鉄剣や大刀にいずれも獲加多支鹵大王《わかたける》＝雄略大王の世に宮廷に仕えたとする、地方豪族の中央出仕制度があったことをしめす象嵌《ぞうがん》銘文があることでもわかる。

考古学者のほうの和田にいわせれば、「文献にある歴史的事件と考古学的なものはなかなかむすびつけられないが、（この時期は）現象としてむすびつけられることが多い」のである。

倭の五王の時代の地方征討戦争を通じて大和王権が強化され、旧来の大豪族が淘汰されてゆき、新しく台頭した新興の豪族たちがそれぞれのネットワーク、つまり同盟関係をひろげながら王権とのつながりをもっていった。

阿蘇石石棺はちょうどこの時代に九州から瀬戸内、畿内へと海を渡っていく。

ある発掘成果が宇土の凝灰岩《ぎょうかいがん》産地からもたらされている。宇土《うと》市教育委員会が調査した同市馬門《まかど》のピンク岩層をふくむ宇土石石切場跡で、古墳後期の小屋の柱穴と、土師器《はじき》の甕《かめ》、須恵器の坏《つき》計四個が見つかった。担当の藤本貴仁が編年から土器の時期を調べてみると、それは五世紀なかごろ－後半のものだった。

允恭－雄略の時期に、宇土の岩層のもとですでに人々が作業をしていた。

火国に允恭后領

万葉歌人・大伴家持に、「大伴の名に負う靫《ゆげい》帯びて万代《よろずよ》に恃《たの》みし心いづくか寄せむ」という歌がある。靫は弓の矢を入れて背負う、古代の武将を象徴する武具だ。大王に代々つかえてきた武人一族としての大伴氏の誇りをこめた歌で、「大伴の名を背負う」と「靫を背負う」をかけていて、さすが家持だ。

その大伴氏がつかえた大王の陵がならぶ河内の古市古墳群は、奈良の斑鳩《いかるが》から大和川を下って河内平野にでたところだ。そこにある允恭大王陵・市野山古墳の主は、五世紀なかごろの四四三年に宋に使者を送った「倭王・済」その人。

この大王の近臣が眠る唐櫃山《からとやま》、長持山《ながもちやま》石棺のふるさとは、九州・火（肥）の国だ。書紀の允恭よりのちの、六世紀に相当する時期の記述に、火の国の人物「火葦北国造刑部靫部《ひのあしきたのくにのみやつこおしさかべのゆげいべ》・阿利《あり》斯登《しと》」がでてくる。

火葦北は、宇土半島や氷川より南の不知火《しらぬい》海南部沿岸の地。国造は大和王権が地方官として地方豪族を任命した官名で、六世紀代に制度化される。刑部というのは允恭大王のときに后《きさき》の忍坂大中媛《おしさかおおなかつひめ》のために定められた名代部（大王、王族の経済をまかなうための所領）、つまり忍坂部だ。靫部は家持の歌にでていたように軍職のこと。

つまり阿利斯登は、在地では忍坂部を管理してその生産物を大王家にとどけ、中央では宮廷の警護などをする靫大伴部に出仕した葦北の豪族だ。もちろん、九州内で反乱が起きたり半島に出兵するなど一旦緩急あれば、大和軍の武将として「火葦北軍」をひきつれて参戦することになる。事実、大伴金村《かなむら》の命で任那《みまな》（朝鮮半島南端）救援軍に加わって、現地で生まれた子が百済の倭人官僚になるなど、大和王権と軍事・外交面で密接につながっている。

一族の本拠地は、五世紀後半－六世紀前半の古墳群がある球磨《くま》川河口域（八代《やつしろ》市）。氷川《ひかわ》流域に南接する地域だが、当時の球磨川の上流（人吉・球磨）や葦北の南は熊襲《くまそ》の地だ。一族の祖は吉備出身という伝えもあり、だとすると王権が対熊襲最前線に派遣していた屯田的武人集団だったとも考えられる。書紀・景行紀に熊襲討伐をおこなったあとの景行が「葦北より発船」する記述があるのは、これを示唆しているのかもしれない。

葦北は火の国南端の比較的せまい地域だが、そこに火葦北国造をおくのは、王権にとってもと重要な地域であったからだろう。

福岡経済大学教授・田中正日子《まさひこ》は「允恭の代に葦北に后の名代部ができていて、阿利斯登はそれを統括した豪族の子孫だろう」と推定する。葦北、つまり八代で最初のおおきな首長墓が出現するのは五世紀なかばすぎ、上ノ山古墳だ。その被葬者が生きていた時期は、まさに允恭大王の時代だ。阿利斯登の二、三代前の一族の祖と想定される。

允恭の時代に、大王家と阿蘇凝灰岩産地の豪族とつながりができていたことがこれでわかる。

オオホド王の墓・太田茶臼山古墳＝大阪府茨木市

唐櫃山・長持山一号棺の被葬者はたとえば「西は衆夷を服すること六六国」（『宋書』武の上表文）の過程で、いまだまつろわぬ豪族や対熊襲、半島への戦いで王権側にたった肥後豪族とつながりが深い中央豪族、ないし中央にのぼって近臣となった肥後系豪族であった可能性が高いだろう。

允恭の時代の九州との接点を追ううちに、中央の「大物」が浮かびあがってきた。忍坂媛の兄・意富本杼《おおほど》王だ（五七ページ図6）。

オオホド王は、琵琶湖と大阪湾をむすぶ淀川ぞいを拠点に水運を掌握して一族の隆盛の祖となった人物で、その力で允恭に后をいれたとされる。つづく「倭の五王」安康、雄略も允恭と忍坂媛の子だ。

允恭にとっては義兄にあたるオオホド王だが、古事記はそのオオホド王を始祖とする氏族を七つ列記している。息長《おきなが》氏をはじめ大半が近江や越（北陸）の氏族だが、そのなかに唯一、九州の氏族がいる。それは「筑紫の末多君」。

「末多君」とは何者か。考古、古代史学者の解釈から、彼らが拠点とした具体的地名が浮かんでくる。それは、「末多」は「未多」の誤記で、有明海の北・佐賀県上峰、三田川町（現・吉野ヶ里町）一帯に目達原《めたばる》古墳群をのこした米多《めた》氏だというものだ。中規模の前方後円墳がならぶ目達原古墳群は、そのはじまりを五世紀なかごろとされている。やはりちょうど、允恭―オオホドのころだ。

古事記がオオホド王からわかれたとする「末多君」の記述と、その一族が有明海北岸で古墳の築造を開始する時期がぴったりと一致する。この時代、大和では九州島全体を筑紫とよんでいたので「筑紫の末多君」とされているが、有明海北岸はのちの肥前で、なにより目達原古墳群の西につづく古墳群には氷川石の舟形石棺がはいっている。飛び地ではあるが、ここも五世紀後半代には肥後系の灰色石棺地域なのだ。

こうして古代史学と考古学を総合すれば、火葦北一族、末多一族とも允恭の時代に王権と関係していたことを論証することができる。

唐櫃山、長持山古墳（一号棺）で阿蘇灰色石棺をみずからのひつぎとした允恭近臣と、火（肥）の豪族たちとのつながり。ただそれは、北の末多と南の火葦北のちょうど中間の菊池川流域の石でできている。この五世紀なかごろから後半にかけての有明海・不知火海沿岸でおおきな古墳が集中的に造られるのは筑後平野南部と菊池川流域だ。この隣接する二地域は石棺の様式が似ていて、五世紀代には「同盟」していたとみられている。

こんな在地の大豪族の北と南に、中央氏族もしくは王権から派遣（?）された出自をもつ中豪族がいたのはおもしろい。北の末多氏がいた峰・

未多君の古墳。王権とのちかさをしめすように
陵墓参考地となっている（佐賀県吉野ヶ里町）

三田川は、玄界灘沿岸の福岡平野への細長い地峡の筑後からの入り口あたりに位置している。南の火葦北は熊襲の地をにらむ。あいだに筑紫、菊池。外様と譜代大名の位置関係に似ている。

いずれにしても允恭時代の王権と火の国豪族とのつながりは、阿蘇石石棺という考古学上の証拠とともに、古代史学上の証拠もあったのである。

このころ王権の最有力外戚として君臨していたオオホドのひ孫が袁本杼命《をほどのみこと》、即位前にはヲホド王とよばれていた継体大王だ。

人物画像鏡が語ること

古代史学と考古学は、書紀などの文献と、発掘された遺物・遺構とに研究領域がわかれている。だから、火葦北国造や未多君のようにうまく結びつけられるといいが、この領域の谷間で資料が宙ぶらりんになってしまうこともよくある。例えば銘文入りの鏡。鏡は古墳からの出土物だが、銘文がはいっていると文献史学（ここでいう古代史学）の領域となる。おたがいの領域をおかさないという専門家同士の遠慮もあるので、宙ぶらりんのままも多い。

そうした「謎の谷間」に、ひとつの鏡がある。

大和や河内と境を接する和歌山県橋本市の隅田八幡宮にのこる国宝の人物画像鏡だ。謎とするのは、この鏡の歴史的位置づけが古代史学者と考古学者の双方でさまざまに論議され、いまだその迷路のなかをさまよっているからだ。

しかし、べつの角度からアプローチしてみると、この人物画像鏡が大王家と阿蘇石石棺をつなぐ重要な資料として浮かびあがる。少しくわしくみてみよう。

鏡に銘文があり、「癸未《きび》年の曰十《をし》大王の世、孚第《ふと》王が意柴沙加宮《おしさかのみや》にいます時、斯麻《しま》が（孚第王に＝筆者注）長く奉ることを念じてこの鏡を作らせた」と読まれている。

まだ年号がない時代、各年は六〇年周期のエトで表記された。この銘文の「癸未年」はどの年か。解釈はさまざまだが、有力なのは四四三年説と五〇三年説だ。

四四三年説での銘文解釈では、「日十王」は允恭大王、「孚第王」は継体の曾祖父のオオホド王で、妹の允恭后・忍坂大中媛が住む大和の忍坂（奈良県桜井市）の宮にいたとし、「斯麻」はオオホド王の本拠地でのちに継体陵も造られる北摂津・三島県《みしまのあがた》の豪族とする。鏡の型式などから考古学者にこの説が多い。

人物画像鏡（隅田八幡神社）

　五〇三年説では、「日十王」は継体の先々代の仁賢大王、「孚第王」を継体つまり即位前のヲホド王とし、「斯麻」を王子のときに倭国にいた百済・斯麻王（武寧王）にあてる。つまり継体は、書紀が「越前にいたヲホド王が大伴金村らの要請で即位した」（五〇七年）とする以前から、忍坂宮にいて仁賢のもとの王権中枢で若き日の武寧王とも親しんでいたことになる。古代史学者の平野邦雄、山尾幸久らの説だ。この解釈では継体は、

武寧王と后のひつぎ。木棺で，棺材のコウヤマキは継体が贈ったと推定されている（復元＝韓国・国立公州博物館）

畿内周辺豪族から雄略―仁賢の宮廷に取り立てられた人物とされる。

鏡はちかくの古墳からでたものが隅田八幡宮に納められたとみられるが、四四三年説ではその古墳にちかくの陵山《みささぎやま》古墳（五世紀後半）をあてる。五〇三年説は継体大王即位時の謎をとく資料として古代史学者に支持が多いが、私からみると、いずれの説も継体ないしその一族と阿蘇石石棺の〝であい〟をうまく説明してくれる。これまで阿蘇石石棺との関係でとりあげた研究者はいないが、以下みてみよう。

八幡宮は紀ノ川中流域にあるが、その河口域には五世紀末に大谷古墳が造られ阿蘇石（氷川）石棺がはいっている。九州とつながりをもった紀氏系豪族がいたことがわかる。また、橋本から北東のゆるい谷あいをゆけば忍坂がある大和南部、北の紀見峠を越えて下れば河内にはいる。大和、河内ともに近接するいい政治地理的位置にある。これらのことを前提に阿蘇石石棺との関係を考えてみる。

四四三年説では、陵山古墳は九州からはいってくる横穴式石室を近畿地方でも古い段階に採用していて、鏡をもっていた被葬者が九州と関係があったことをしめすことになる。さらに、この画像鏡の手本となった中国鏡が長持山古墳の一号棺（五世紀なかごろ）の副葬品として出土していることに着目すべきだろう。

菊池川石をもちいた一号棺の被葬者の鏡をモデルにして三島県主が画像鏡を作らせたのであれば、オオホド王に鏡を贈った三島県主と長持山被葬者は関係があったことになる。これから、允恭大王の外戚のオオホド王と肥後系と思われる允恭近臣の長持山石棺の人物とのつながりがみえてくる。そしてこの時期に菊池川石石棺が点々とはいる四国北岸は紀氏の瀬戸内海路だ。オオホド王、長持山一号棺被葬者、それに紀氏が画像鏡と菊池川石でひとつにつながる。

五〇三年説では、継体が仁賢期に王権中枢にいたのであれば、つぎの武烈期に大連《おおむらじ》となりのちに大王位への擁立者にもなる大伴金村と継体の政治的関係が当時からあったことになる。大伴氏は雄略の室屋《むろや》の時代から靫部の統帥者として九州豪族の出仕先であったし、また瀬戸内海水運をになった紀ノ川ぞいの紀氏と大伴氏は「同国近隣の人」といわれる関係にあった。その紀氏一族に「継体の鏡」が下賜されている。ここには継体・大伴と紀氏・九州豪族との関係がみえてくる。

そしてなにより、継体が即位（五〇七年）前の五世紀末にすでに王権内にいたのであれば、この時期に阿蘇ピンク石棺が畿内にはいってくることを「継体王朝への胎動」として位置づけることが可能になる。

　こうして人物画像鏡の銘文解釈に考古学的事実や阿蘇石石棺をかさねると、中央氏族や関係豪族、王権の姿が具体的に浮かびあがる。四四三年、五〇三年のいずれかはまだ定まらず、大伴など中央氏族の関与や継体についても、その背景にあるべつの「歴史の糸」の検討が必要だろう。だが、五世紀なかごろ−六世紀はじめの中央豪族、石棺の畿内搬入に重要な役割をはたした可能性がある紀氏、そして継体ないしその一族が、この鏡を軸にさまざまにつながってくる。そのことは確かだ。

接点は和珥？　息長？

　歴史を探る赤い糸は、ともすればとぎれ、あるいは乱れてもつれあう。とぎれてばらばらになった糸を、ひとつひとつむすびあわせていく。

　解釈がわかれているにしろ、隅田八幡宮の人物画像鏡はそのむすび目のひとつになると思う。つぎにむすべる糸片はなにか。

　それを四四三年説で探してみよう。

「太祖（文帝）の元嘉二〇年（四四三年）。倭国王済、使を遣わし奉献《ほうけん》す。またもって安東将軍

・倭国王となす」(『宋書』)

四四三年説でいう画像鏡がオオホド王に贈られた年、「倭国王・済」が宋皇帝に使節を送っている。オオホドの妹・忍坂大中媛を后とした允恭大王だ。

じつはこの允恭大王の国使は、有明海から出航した可能性があるという。

山尾幸久はいう。「四四〇年代以降、朝鮮半島で高句麗と百済の交戦がつづいた。半島西岸経由の玄界灘航路は危険でつかえず、允恭以降の倭王の宋への使者は有明海から直接、揚子江河口をめざした」。大王の使節の出航地とも想定される有明海。南に不知火海があり、そのあいだに宇土半島がつきだしている。

のちのことだが、推古女帝のときに百済王が中国に派遣した使節団八五人が東シナ海で嵐にあって漂流のすえ、「肥後国の葦北津に泊れり」という記事が書紀に載っている。倭国への使節ではなかったが、とつぜんの来訪者である外国の使節員一〇〇人ちかくを収容接遇できる施設が七世紀初頭の不知火海・葦北津にはあった。それがあの火葦北国造の本拠地だけに、允恭—オオホド王時代の九州西岸と東シナ海海路をもほうふつとさせる。

紀氏がむすぶ瀬戸内海海路、肥後豪族がむすぶ有明・不知火海、東シナ海海路。唐櫃山、長持山石棺の被葬者はこれにも関係があったのかもしれない。

その四四三年と五〇三年のあいだの六〇年間。そこに允恭の子・雄略大王の時代と没後の「動乱期」がはいる。雄略の時代にはすでにふれたので(本章「倭の五王の時代」)、五〇三年説にちかい雄略没後をみてみよう。

雄略が死んだのは四七九年（書紀＝己未《きび》年）とも、四八九年（古事記＝己巳《きし》年）とも伝えられる。宋への上表文の時期とのちかさから後者とする説が強いが、まず雄略の死の直後に星川皇子の反乱が起こった。

星川皇子は雄略と吉備稚媛《きびのわかひめ》とのあいだの子だ。名前でわかるとおり吉備氏の娘だが、吉備・上道臣《かみつみちのおみ》（備前）の妻だったのを雄略がその美貌をめでて取りあげたと伝えられる。英雄色をこのむ――強権をふるった雄略らしい逸話だ。

書紀がしるすには、雄略亡きあと、その稚媛が星川に「大蔵の官をうばえ」などといってそそのかし、星川が皇太子の清寧をさしおいて専横にふるまったという。雄略は死の床で大連の大伴室屋に「星川は悪い心をもっている。皇太子を守るよう」にといいのこしていたので、室屋らが星川を焼き討ちにかけて殺し、ついでに吉備氏の一部領地を召しあげる。

しかしその清寧がなんとなく影が薄い。書紀による清寧在位年は西暦では四七九－四八四年になるが、さきの古事記の雄略没年からして「実在しなかった」とする学者も多い。その清寧には子がなかった。そこに雄略が大王位をめぐるライバルとして殺してしまった履中の皇子の遺児二人が登場する。兄のオケ王と弟のヲケ王だ。累がおよぶのをおそれて播磨の山のなかに隠れ住んでいたところを、ぐうぜん見つけられたという。

できすぎた話にも思えるが、二人を清寧の皇子として宮廷に入れ、允恭系である清寧の死後、履中系の兄弟がついで顕宗、仁賢となる。顕宗も学者によって実在が疑われ、仁賢の子の武烈もあやしまれている。雄略後の四人のうち三人も実在が疑問視されるということは、この時期の王位継承が不安定、もしくは混乱していたことをうかがわせる。ライバルをつぎつぎと殺してしまった雄略の後遺症だろう。

仁賢のあとの武烈が五〇六年に死ぬと履中系もいなくなり、「まさにいま絶えて継嗣《けいし》なし」（書紀）と王統がとだえてしまう。

阿蘇ピンク石棺が王族の墓にはいってくるのはこのような時期を背景にしている。允恭時代を阿蘇石石棺と王権との第一段階とすると、阿蘇ピンク石が畿内王族墓にはいる五世紀末のこの時代は第二段階ということになる。人物画像鏡でいうと第一段階が四四三年説、第二段階が五〇三年説の時期にあたる。

四四三年説では王権側の大物としてオオホド王が浮かび、阿蘇石石棺の畿内搬入に関係があったのではないかとした。五〇三年説では阿蘇ピンク石の畿内導入に大伴氏が関係したのではないかと想定した。

だがこの第二段階では、継体の周囲には同じような「大物」氏族がいた。そのことにもふれる必要がある。

オオホド王を始祖とする氏族のうち、その後に王権中枢の豪族となっていくのは息長《おきなが》氏だ。記紀にある「息長帯日賣《おきながたらしひめ》」（神功皇后）の説話で有名な氏族だ。

息長宿禰の墓と伝えられる山津照神社古墳（左）と神社

オオホド王は継体の曾祖父だが、記紀にある継体即位前後の記述から、多くの古代史学者が「継体の出自は息長氏」とみる。考古学的にみても、息長氏が本拠地とした琵琶湖東南岸では継体即位後の六世前半に山《やま》津《つ》照《てる》神社古墳という石屋形《いしやかた》（石室内に石囲い棚がある）とよばれる九州・肥後式の石室が造られ、同じ時期に阿蘇ピンク石棺をもつ古墳もその勢力範囲で出現する。

五〇三年説では、継体はすでにそのときは宮廷にいて百済の王子と親交するなど力をもっていたことになっている。その継体が息長氏を擁立基盤にしたのであれば、阿蘇ピンク石棺を王権側で受け入れたのは息長氏だった可能性もたしかに高い。

九州との関係でいえば、オキナガタラシヒメ＝神功皇后の「三韓征伐」説話に橿日《かしひの》宮（福岡市東区香椎）、皇子の応神を産んだという宇瀰《うみ》（福岡県宇美町）がでてくるように、息長氏と筑紫（のちの筑前）とのつながりも想定される。しかし、かりにこの説話が史実にちかいとすれば、応神－仁徳の時期比定から四世紀後半の話になる。その時代に最初の阿蘇灰色石官は山城（京都府）南部にひとつだけはいるが、その後の継続性はない。かりに息長氏がそのころからいたとしても、琵琶湖東岸の出自だから関係は薄いだろう。

それに「継体息長氏出自説」には反論がでている。古代史学者の滋賀県立安土城考古博物館学芸課長・大橋信弥だ。「六世紀以前の息長氏は琵琶湖東岸の在地小豪族にすぎない。継体擁立時を考えると、和珥《わに》氏のほうが継体とかさなるひろい勢力基盤をもっていた。記紀の編纂は八世紀。編纂当時の朝廷に力をもっていた息長氏が、すでに没落した和珥氏の系譜を参考に、皇統に『オキナガ』の名を入れていったのだろう」（『日本古代国家の成立と息長氏』）。

和珥氏――。かつて大和王権の国内征討の先頭にたって各地に転戦し、倭の五王の後半期から継体の時代にかけて大王家に多くの后妃を入れた有力氏族である。

だが、六世紀になって阿蘇ピンク石棺が出現するのは琵琶湖岸南部の円山《まるやま》古墳、甲山《かぶとやま》古墳（滋賀県野洲《やす》市）だ。狭い範囲に二基がかたまっている。和珥氏は琵琶湖岸西部に基盤をもっていたが、南部には基盤はなかった。このことは大橋も書いている。ここはどちらかといえば、その時代の息長氏の勢力範囲だ。湖岸西部に阿蘇ピンクはなく、和珥氏の本拠とされる奈良盆地東北部には六世紀前半の阿蘇ピンク石棺がはいっているが、比較的ひろい範囲にわずか一基。

和珥氏には肥後はおろか九州豪族との関係は見あたらない。かりに大橋説のように和珥氏の事

■図8　奈良盆地の中央氏族の本拠と石棺分布図

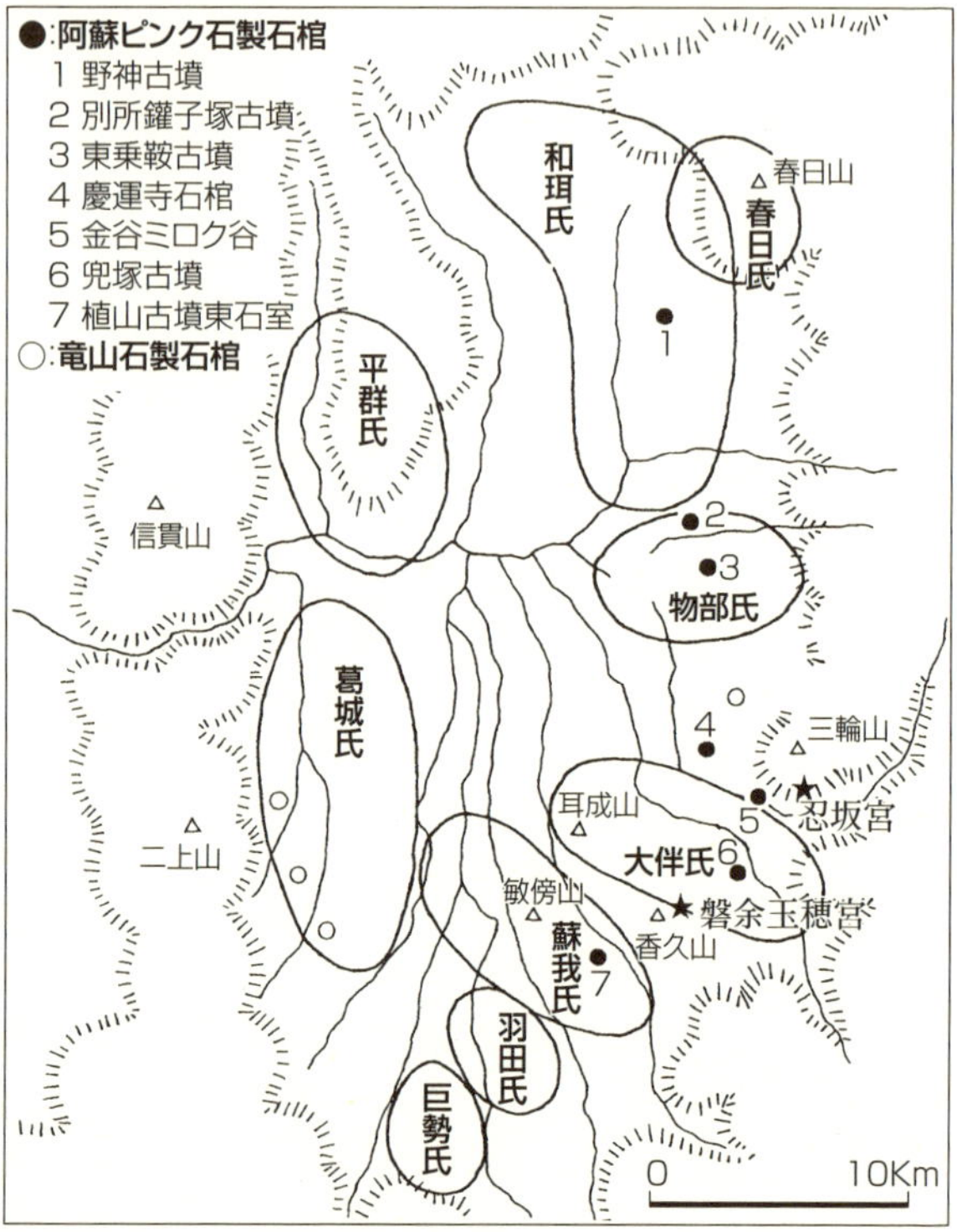

＊門脇禎二原図を髙木改変

績伝承を「オキナガ」に入れ替えたのだとしても、琵琶湖岸の古墳でみるかぎり、九州との関係は息長氏のほうがまだある。書記によると、和珥氏が継体に妃をいれたのは継体即位後のことであり、擁立前にみずから率先して阿蘇ピンク石を導入するような要因は見あたらない。

そこでふたたび息長氏。阿蘇石石棺との関連では、継体擁立前にはオオホド王からわかれて半世紀がたっていた「筑紫の末多君」と同族ではあるが、大伴氏が火の国豪族を出仕させたような肥後とのつながりは文献上の証拠、状況証拠ともにない。さらに六世紀前半には息長氏のエリアに阿蘇ピンク石棺がはいるが、それは新しい家形石棺だ。継体擁立時の五世紀末–六世紀初頭に、みずから中心となってピンク石棺を導入した可能性は大伴氏よりはるかに低い。

この消去法からも大伴氏の関与が浮かぶが、さらに糸をときほぐすには、古代史学、考古学での検証の舞台をもっとひろげ、各地の動向を追い、かつそれを鳥瞰することで時代の流れと事実をつかむ必要があるだろう。

火君出現とヤマトタケル伝説

阿蘇石石棺という「玉手箱」のなかに時代をのぞくと、その箱ごとにちがう色の煙をだしてくることがある。どうしたらよいか。それには煙の色がちがう理由を探って、一見ばらばらな石棺同士を関連づけてみることだろう。色がちがうからと分類してピンでとめて楽しむ標本マニアではなく、なにごとも歴史の連動性のなかで考えてみなければならない。

五世紀末、畿内中枢の長持山古墳の追葬者（二号棺）と、王族墓とみられる峯ヶ塚《みねがつか》古墳に宇土の灰色石（蓋）＋ピンク石（身）石棺が出現する。そして紀州・大谷古墳に氷川灰色石石棺、備前・小山古墳に菊池川灰色石石棺がはいる。同じ時期だというのにそれぞれがちがう〝煙〟だ（五二ページ図5参照）。

まず、紀州の氷川石棺を取りあげよう。紀氏の首長墓である大谷古墳は紀ノ川河口域（和歌山市）にある。京都府立大学名誉教授・門脇禎二は「紀氏は水運に力をもち、その瀬戸内海航海ルートは四国北岸が中心だった」とする。京都大学名誉教授・岸俊男によれば、伊予、讃岐に紀氏の同族の分布が濃厚で、そこに紀氏の瀬戸内海海路が想定できるという。阿蘇石石棺がでている香川・観音寺では、同族の名「坂本」が郷名となっている（間壁忠彦）。

氷川河口がある九州・不知火海から阿蘇石棺を運ぶとすると、東シナ海、玄界灘から瀬戸内海にはいり、紀氏がつなぐ四国北岸の同族の拠点・津を経由して播磨灘から鳴門海峡をぬけ、紀伊水道を渡ったことになる。大谷石棺はこのルートで運ばれたと、まずは想定できる。

だがここに問題が生じる。それは、それ以前の五世紀代の阿蘇石石棺としてこの四国北岸域ででている四例は、いずれも菊池川流域産の石であることだ（五一ページ図4参照）。いわば灰色石の最後の段階で、菊池産が氷川産にかわっている。「石棺同盟」でいえば、石棺を搬出した肥後の豪族が菊池川豪族から氷川豪族に取ってかわったことになる。これをどう解釈するか。

ただ、この一点だけ見つめてしまっては問題解決の糸口は見つからない。つなげるべつの点はあるかをみてみよう。この場合のべつの「点」とは、河内・長持山古墳だ。ここでは一号棺と二号棺で菊池川産から宇土産にかわる。時期も菊池産が五世紀なかごろで、宇土産にかわるのが五世紀末と似かよっている。だが、かわったのが氷川産へと、宇土産へとのちがいがある。このことがふたつの点を「ちがう現象」と一見、無関係にみせている。

しかし考えてみよう。産地がちがうのは肥後からそれぞれの「点」にむけて石棺を搬出した豪族が交代したということだから、その交代の理由を考えることがもつれた現象の糸をほぐすことになる。

野津古墳群と氷川。不知火海をとおして
宇土半島が眼前に（氷川町教育委員会）

つまりこの時期、肥後の豪族たちのあいだでなにが起こっていたかだ。

考古学では、各年代・各地域ごとに遺構や遺物の変化をまとめた編年表を作る。古墳時代の肥後各地域の編年表（八三ページ図9）を見てみると、その起こったことが一目瞭然だった。

四世紀なかばからつづいてきた菊池川流域の古墳築造が江田船山古墳（五世紀後半築造）後に急激にいきおいをなくしている。熊本中部の白川・緑川流域でも同じような現象だ。いっぽうでそれと交代するように、五世紀末以降、南の氷川流域に野津古墳群（熊本県氷川町）など大規模かつ多数の古墳築造が集中するのである。これはなにをあらわすか。

いえるのは、氷川豪族が肥後各地をおさ

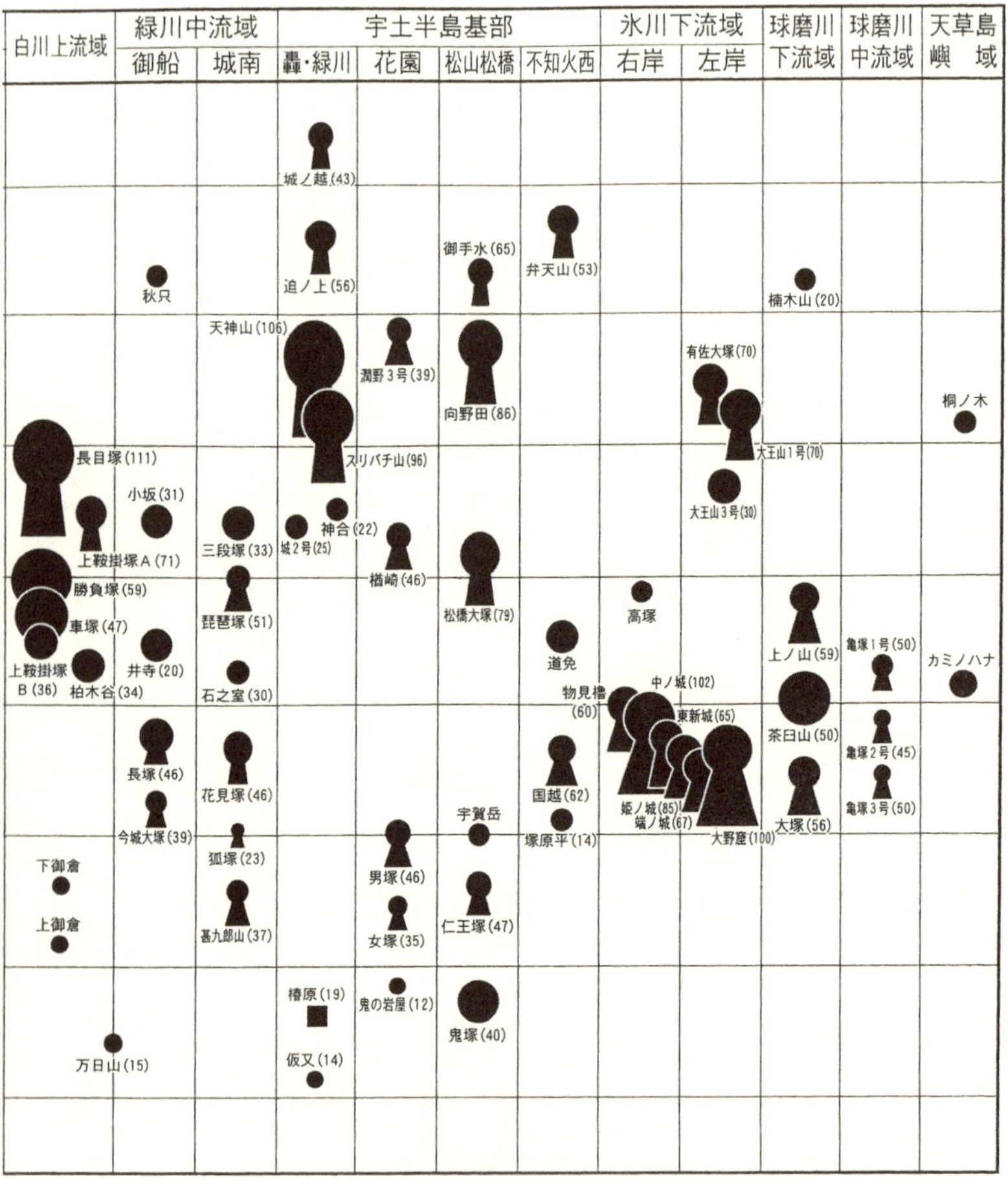
白川上流域
緑川中流域
御船
城南
宇土半島基部
轟・緑川
花園
松山松橋
不知火西
氷川下流域
右岸
左岸
球磨川下流域
球磨川中流域
天草島嶼域
城ノ越(43)
秋只
迫ノ上(56)
御手水(65)
弁天山(53)
楠木山(20)
天神山(106)
潤野3号(39)
向野田(86)
有佐大塚(70)
桐ノ木
長目塚(111)
スリバチ山(96)
大王山1号(70)
小坂(31)
大王山3号(30)
三段塚(33)
城2号(25)
神合(22)
上鞍掛塚A(71)
楢崎(46)
松橋大塚(79)
勝負塚(59)
琵琶塚(51)
高塚
車塚(47)
井寺(20)
道免
上ノ山(59)
亀塚1号(50)
カミノハナ
上鞍掛塚B(36)
柏木谷(34)
石之室(30)
物見櫓(60)
中ノ城(102)
東新城(65)
茶臼山(50)
亀塚2号(45)
長塚(46)
花見塚(46)
国越(62)
姫ノ城(85)
端ノ城(67)
大野窟(100)
大塚(56)
亀塚3号(50)
今城大塚(39)
宇賀岳
狐塚(23)
塚原平(14)
下御倉
男塚(46)
女塚(35)
仁王塚(47)
上御倉
甚九郎山(37)
椿原(19)
鬼の岩屋(12)
鬼塚(40)
万日山(15)
仮又(14)

■図9　肥後各地域の首長墓の変遷

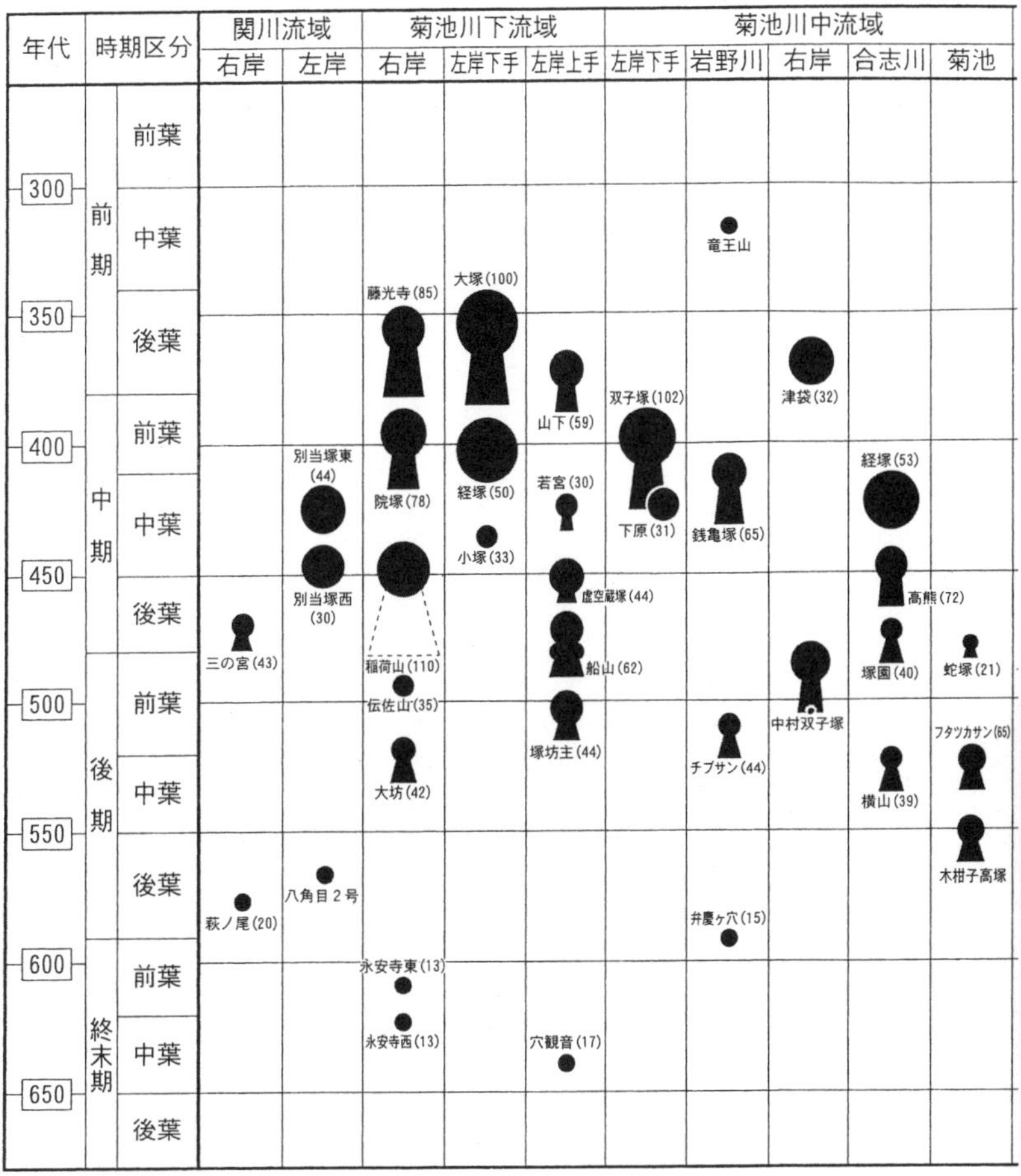
年代
時期区分
関川流域
菊池川下流域
菊池川中流域
右岸
左岸
右岸
左岸下手
左岸上手
左岸下手
岩野川
右岸
合志川
菊池
300
350
400
450
500
550
600
650
前期
中期
後期
終末期
前葉
中葉
後葉
竜王山
藤光寺(85)
大塚(100)
山下(59)
双子塚(102)
津袋(32)
別当塚東(44)
院塚(78)
経塚(50)
若宮(30)
下原(31)
銭亀塚(65)
経塚(53)
小塚(33)
別当塚西(30)
虚空蔵塚(44)
高熊(72)
三の宮(43)
稲荷山(110)
船山(62)
塚園(40)
蛇塚(21)
伝佐山(35)
中村双子塚
塚坊主(44)
チブサン(44)
フタツカサン(65)
大坊(42)
横山(39)
木柑子高塚
八角目2号
萩ノ尾(20)
弁慶ヶ穴(15)
永安寺東(13)
永安寺西(13)
穴観音(17)

＊杉井・高木2003

えて火の国の盟主的豪族となり、それまで隆盛だった菊池川豪族、中部豪族がそれに従属していったのだということだろう。首長墓としての前方後円墳の造営は、治めた地域の中心がそこにうつったことになるからだ。

これは「火君《ひのきみ》」の出現をあらわしている。このことを石棺の動向に照射してみよう。

すなわち、氷川域に北接する宇土もとうぜんこの火君の領域となり、宇土石が新しい石棺材として火君によって畿内に搬出されたとみられる。長持山二号棺や峯ヶ塚石棺が宇土の灰色とピンクの組み合わせだったのは、まだピンク岩層が部分的にしか採石できなかったためだろう。もちろん氷川石もまだあり、それはその石棺の運搬に功があったと想定される紀氏の棺にあてられた。

またこの時期の備前・小山古墳に菊池川石棺がはいっているのは、それを菊池川豪族が搬出したとすると火君に従属したなかでの矛盾した政治的行動にみえるが、小山石棺の少し前の備前・築山古墳（岡山県瀬戸内市）に宇土産の阿蘇ピンク石棺がはいっている。まだ純正ピンクではなく黄色がかっているが、やがて〝純正〟ピンクが掘りだされるようになって「大王家のひつぎ」となることを考えれば、このときの備前豪族と王権、火君とは相互に良好な関係を維持していたことになり、菊池川石棺の備前への搬出はべつに「反火君」的行動ではないことになる。すでに王族墓（峯ヶ塚古墳）にも採用された宇土石より「格」が低くなっていた菊池川石を、小山古墳被葬者の備前豪族中での格に応じて火君が菊池川豪族に搬出させたという見方をとることもできる。

これらはあくまで推定ではある。しかしこの時期の阿蘇石石棺の動向を説明する道筋として、そうおおきくはまちがっていないのではないかと思う。築山石棺のことはこれとはべつの問題になるので、あとで検討することにする。

さて氷川豪族がおさえた火の国。その名がついたのは、景行（雄略の一〇代前）の西征・筑紫巡行のさいのことだという。熊襲征伐を終えた景行は葦北から船発《ふなた》ちする。夜になって海に不思議な火が映り、それを不知火とよんだことから「火国《ひのくに》」の名がついたと書紀はしるす。その景行の船が不知火に導かれて着いたところが火邑《ひのむら》（『肥前国風土記』）だ。そこを流れているのが火川（氷川）。景行説話のこの部分からは、火君一族＝氷川豪族の存在が影絵のように浮かびあがる。

書紀ではこのとき景行が熊襲タケルを討ったとしているが、古事記では熊襲タケルを討つのは景行の皇子・ヤマトタケルだ。和田萃は、ヤマトタケルとワカタケル＝雄略の人物像が似かよい、東西へ征討をおこなったという伝承と雄略の事績が共通していることから、ヤマトタケル伝承はワカタケル大王の実像をなかば投影したものとして「景行の西征や筑紫巡狩の伝承は、雄略朝における史実を投影したもの」としている。

さらに和田は文献史料の検討によって、「『日本書紀』編纂段階においては、ヤマトタケルの河内の白鳥陵は峯ヶ塚古墳であった可能性が大きい」（『大王のひつぎ海をゆく』所収「阿蘇ピンク石棺に眠る王」）という。宮内庁指定の現在の「白鳥陵」である前の山古墳は、別名・軽里大塚古墳といい、允恭の皇太子で「容姿佳麗《かおきらぎら》し」といわれた木梨軽太子《きなしのかるのみこ》の陵墓である可能性が高いと

峯ヶ塚古墳の大刀，装飾品の出土状況（羽曳野市教育委員会）

される。允恭陵・市野山古墳につづくとされる前の山古墳の考古学的年代も、後継争いで討たれたという軽太子の消息と合致している。

近鉄南大阪線・古市駅の西側に、軽里大塚古墳（前の山）、清寧陵・白髪山古墳、峯ヶ塚古墳、そして仁賢陵・野中ボケ山古墳と五世紀後半―六世紀初頭の範囲の古墳があつまっている。いわばこの時期の大王、王族たちの奥津城《おくつき》だ。そこに阿蘇ピンク石棺がはいっていた。

九州・不知火海北端。海に氷川が流れこみ、河口域には火君一族の古墳がならんでいる。そのすぐ北側に阿蘇ピンク岩層がある宇土半島がつきだす。峯ヶ塚に眠る王族は、その若きころ、みずから甲冑をつらぬき、火君をしたがえてこの海を見わたしたのだろうか。

吉備王国と火の国

備前・築山古墳の
阿蘇ピンク石棺

異風の古墳

不知火海《しらぬい》を見おろす丘のうえに、ポツンとひとつ古墳がある。

有明海と不知火海をわける熊本・宇土《うと》半島。その南側のつけねに不知火海がはいりこんでいる。すぐ対岸が氷川《ひかわ》河口、その山すそに野津古墳群がある。

火君《ひのきみ》の本拠地をのぞんでたたずむちいさな古墳。だがそれは火君一族の古墳とはちがう、異風の様式をもっていた。

墳丘《ふんきゅう》内部に長さ三メートルをこえる巨大な板石を箱形にかこった石槨《せっかく》を造り、そのなかに石棺がいれられていた。石槨の石は天草産の砂岩。石棺は氷川流域産の阿蘇灰色石で、蓋《ふた》にある肥後発祥とされる直弧文《ちょっこもん》とよばれる線刻文様もふくめ、それ自体は肥後の要素が強い。しかし、うえから天井石で閉じる石槨は、墳丘の横からの出入り口をつける肥後式横穴石室とはまったくちがうタイプだ。

在地の肥後風と〝異国〟風の組み合わせ。しかも、石棺の長さから推定された被葬者の身長は約一三五センチ、つまり子供だった。

ここに葬られていたのは、九州外の部族の血をひく王子だったのだろうか。

この古墳の名は鴨籠《かもこ》古墳。時期は五世紀後半だ。この時代、阿蘇灰色石棺が瀬戸内、畿内周辺

鴨籠古墳の石室。天井石はなくなっている

造山古墳前方部墳丘の宇土灰色石石棺（直弧文がある蓋石は割れて別の場所におかれている）

へと運ばれ、五世紀末には阿蘇ピンク石棺が「大王家のひつぎ」として登場する。允《いん》恭《ぎょう》から雄略、仁賢《にんけん》大王にかけての時代だ。

日本書紀には大王家や氏族の伝承を帝紀としてしるしているとされる。そこに興味深いことが記されている。

神功皇后紀。「吉備臣《きびのおみ》の祖・鴨別《かものわけ》を派遣して熊襲国《くまそのくに》を撃たしむ」。ワケはこの時代の身分の高い男子の尊称だから名の特字は鴨だ。そのころ肥後東南部と不知火海の南は熊襲の地だった。鴨という名の吉備の族長級の武将が熊襲征討のため、おそらく肥後にきていた。

神功紀のつぎの応神紀には、鴨別は吉備王・御友別《みともわけ》の弟とされている。

御友別の墓と推定されている古墳が吉備一族の中心地、岡山市にある。造山古墳（全長三六〇メートル）だ。あまりにおおきすぎて「吉備に関係があった大王の陵墓ではないか」「倭の五王のうちの一人の墓では」などの説もでている大古墳だ。そこに、宇土灰色石でできた石棺がのこされている。

鴨籠古墳が注目される十数年前のこと。備前の小山古墳（岡山県赤磐市《あかいわ》）で本州ではじめての阿蘇灰色石の石棺を見つけた倉敷考古館長・間壁忠彦、妻・葭子《よしこ》は、もうひとつ同じような石の石棺が古墳のうえで野ざらしになっているのを思いだした。造山古墳の前方部に、社《やしろ》の手水鉢《ちょうずばち》がわりになっておかれている灰色の石棺だ。

さっそく巨大な古墳にのぼり、苔むしたその石棺を岡山大学地質学教授・逸見《へんみ》吉之助に鑑定してもらった。思ったとおりそれも阿蘇溶結凝灰岩《ようけつぎょうかいがん》だった。これから間壁は九州に調査旅行にでかけて宇土市教育委員会の高木恭二にもそのことを教え、それが高木の研究の端緒となった。

造山古墳の時期は五世紀前半。ふつう前方後円墳の主たる被葬者が埋葬されているのは後円部だ。前方部墳丘に石棺がおかれているのは、のちに前方部に追葬されたものが掘りだされて放置されたか、ちかくの荒らされた古墳のものが運びこまれたかだ。周囲の古墳の年代とも比較して石棺の時期は五世紀後半と推定された。

そして一九八六年。高木は「鴨別と鴨籠」と題する小論考を発表した。鴨籠での石槨という様式が肥後にはない、石棺の形の特性が造山の阿蘇石石棺と共通している、造山石棺にも鴨籠石棺と同じく直弧文が施されていることをあげ、鴨籠と造山石棺の密接な関係を指摘していた（グラビア参照)。

間壁も「造山と同じ様式の石棺は、全国でほかにただひとつ。それが九州・鴨籠の石棺だ」という。しかものちに、造山石棺の石材が鴨籠古墳ちかくの宇土市馬門《まかど》の阿蘇灰色石であることも特定された。

古墳の名は古来よりの伝承をしめすことが多い。越前・福井の椀貸山《わんかしやま》古墳は、その名から継体の子の椀子《まろこ》皇子の墓と伝えられていたが、近年の発掘調査で年代や規模、副葬品もほぼそれに対応していることがわかった。

鴨籠古墳について髙木は「鴨」という名に注目する。「遠征してきた鴨別が熊襲との境界線ちかくの宇土に滞在して地元の火の豪族とむすび、その一族の女性とのあいだにできた子、つまり鴨の子（かもこ）の墓ではないか」と。

吉備王・御友別の墓とされる造山前方部石棺とその弟・鴨別ゆかりの宇土の石棺。吉備と肥後・宇土のあいだに古代の赤い線がこう描かれている。

吉備聖域に肥後の墓

おおきな墳丘を造って一定の葬送儀礼のもとに首長を葬った古墳は、いわばその集団のモニュメントのようなものだ。被葬者を安置した円丘とその前に設けた方形の祭域を原形に、古墳時代に成立した前方後円墳。その大きさは、地域・血縁集団とそれを構成する一族の基盤の大きさ、族長の権力の絶大さをしめす。大王陵をもうわまわるような大古墳がならぶ吉備。その首長が「吉備王」とよばれるのはそのためだ。

吉備での古墳時代の幕あけは、畿内にちかい備前南部での海岸寄りの大型前方後円墳から始まる。ここがこの時代の吉備の中心地といえる。古墳中期（五世紀）になると岡山市西側以西の備中に中心がうつる。岡山市西端にある、古墳時代全期をとおして全国第四位の大きさの造山古墳は、仁徳陵・大山《だいせん》古墳、応神陵・誉田御廟山《こんだごびょうやま》古墳、履中陵・石津ヶ丘古墳（いずれも宮内庁指定）につぎ、ほかの畿内の大王陵をしのぐ超大型の前方後円墳だ。もちろん「地方」では最大の大きさ。そしてちかくの総社市には後継大古墳・作山古墳（二八六メートル＝全国一〇位）もつづく。

しかし古墳後期の五世紀後半には、また備前も復活する。山陽町の両宮山古墳（一九二メートル）を中心とする古墳群などだ。

書紀には、備前の地をおさえた上道臣《かみつみちのおみ》と、備中の下道臣《しもつみちのおみ》が、たびたび登場してくる。大型古墳の変遷は、畿内・大和王権とのつながりや、吉備内での豪族の興亡を反映しているのだろう。

大古墳に象徴される吉備王国だが、なぜそれほどの力をもったのだろうか。

岡山大学名誉教授・吉田晶は「それは塩と鉄による」（『吉備古代史の展開』）としている。吉備の海岸部ではおびただしい数の製塩土器が出土し、ほかの地域にむけてさかんに塩交易がおこ

大王陵をもしのぐ吉備王の墓・造山古墳（岡山市）

なわれたことをしめす。また岡山の北部山間地帯は、古代に「まがね吹く吉備」として知られる製鉄地帯であった。

漢の武帝は国家経済を再建するため、塩の生産販売と鉄の生産を国の専業とした。人間に必要な塩、武器や農具として国家に必要な鉄。有名な「塩鉄論」だが、その両方が吉備には豊富だった。北部九州と同じ弥生早期に水稲農耕が出現した吉備は、その豊かな生産力を背景とした「塩鉄王国」でもあった。

その絶頂期といえる吉備王の墓・造山古墳（五世紀前半）のそばに、千足《せんぞく》古墳という中規模

の古墳がある。

その古墳の石室には、肥後特有の石障《せきしょう》とよばれる板石をめぐらせ、九州発祥の直弧文が描かれている。なにより石そのものが有明湾口・天草の砂岩だ。大小の古墳がならぶ吉備王一族の聖域に、完全に肥後式石室の古墳があるのだ。

使用石材、石室の構造、入り口の石にU字形の彫りこみをするかわった特徴、装飾文様。その技術が同一で、千足古墳石室と同じ工人が造ったと思われる石室の古墳が宇土市にある。石障にあの阿蘇ピンク石がつかわれて高木恭二が石室構造物としての阿蘇ピンク石をはじめて見たヤンボシ塚古墳だ。千足、ヤンボシ塚ともに時期は五世紀後半。宇土の鴨籠古墳や造山前方部の阿蘇石石棺と同じころだ。

火君の拠点をのぞむところにあった鴨籠古墳とは逆に、吉備王のおひざもとにある吉備にとっては〝異国〟の千足古墳。

「これは九州からきた人のお墓でしょう」と間壁葭子。考古学では石棺や石室の共通性は同盟した豪族同士が血縁関係をむすんだことによるとされる。間壁がいうように、千足古墳はその血縁関係をしめすものだろう。

だが大和王権と連携・対抗を繰りかえした吉備王国が、なぜ五世紀後半に火君と同盟したのだろうか。

九州は吉備氏がほぼ中心にいる瀬戸内海の西になる。吉備氏一族は大和王権の熊襲征討戦の将軍として九州におもむき、九州豪族が多く出仕した半島での倭国外交府の長（欽明紀の「任那《みまな》日本府吉備臣」などに記録がのこる）にも任じられる。そのようなかで九州とのつながりが生まれた。東にいる大和王権がより力を強めてきた五世紀後半。吉備氏にとってみずからの基盤を手厚くするため西の勢力の力を得ることは、合従連衡の原理からして、いわばとうぜんのなりゆきだっただろう。そこでこの時期、対熊襲などとの関係で接することが多かった火の国豪族と同盟した。吉備氏と接した火の国豪族のほうも、強大な吉備王国と同盟をむすぶことの効果を計算しただろう。勢力拡大と自衛。いつの世もそれが政治的行動につながる。古代の政治行動は、血縁による同盟か、または戦いかであった。

吉備王墓・造山古墳そばの千足古墳。それは吉備王の妃《きさき》としてこし入れした火君一族の媛《ひめ》かその王子のものであったのかもしれない。岡山大学に長くいて吉備の古墳を研究した歴史民俗博物館教授・春成秀爾もそのようなことを書いている（『岡山の歴史と文化』所収）。

大和王権とならび立つ

ある年の春三月。応神天皇が難波にでかけて高台から遠くをながめていたとき、いっしょにいた妃の兄媛《えひめ》が西の方を見てなげき悲しむ様子を見せた。天皇がそのわけを聞くと、兄媛はこうこたえる。

「このごろ父母を恋しく思う情がわいてきて、(父母がいる)西の方を見ると悲しくなります。父母の安否をたしかめるためしばらく帰していただけないでしょうか」

天皇はそれをゆるし、国へ帰っていく兄媛の乗った船を見ながら、こう歌う。

淡路嶋いや二並び小豆嶋いや二並び寄ろしき嶋嶋
誰《だ》かた去れ放ちし吉備なる妹を相見つるもの

和歌では恋しい女性のことを「妹《いも》」とよぶ。だからこの歌で妃の兄媛は吉備氏の女ということがわかる。これをしるした書紀・応神紀によると「吉備臣の祖・御友別の妹」(この場合は兄と妹)だ。

この年の秋、天皇は淡路島に狩りにでて兄媛がいる吉備までわざわざ足をのばし、吉備王・御友別に手厚く迎えられている。

記紀の編纂《へんさん》は八世紀はじめ。それ以前の大王家の記録や有力氏族家にのこる伝承をもとにしている。

多くの古代史学者は、書紀の応神以前の「天皇」（書紀などの記述をひくときは原文称号）についてはは実在したかどうかの検証が必要とするが、応神（ないしはそれに相当する大王）の実在性はおおむね認めている。中国の史書によると倭の五王の最初の「讃」が国使を派遣したのは四二一－四三〇年だ。「讃」については応神、仁徳、履中の三説あるが、まんなかの仁徳とすると、その先代としての応神の在位は四世紀後半－五世紀はじめくらいのことになる。

造山古墳はちょうどこの三人の大王陵につぐ規模の超大型古墳で、築造時期は少し幅をもたせて五世紀はじめから同前半にかけてとされている。五世紀はじめの築造とし、応神（ないし相当大王）の事績の記述が史実にちかいとすると、それはちょうど応神と同じくらいの世代と思われる御友別が亡くなる時期だ。

また、古事記の仁徳記にも吉備の媛をめぐるよく似た話があって「応神＝仁徳同一人物」説の理由のひとつになっている。「応神」が仁徳のことだとしても、やはりその記述からちかい世代と思われる御友別の死は五世紀前半までの幅のなかで考えてよく、造山古墳の築造時期の幅と合致する。これが、造山の被葬者が応神紀にしるされた吉備王・御友別であろうと考えられているゆえんだ。

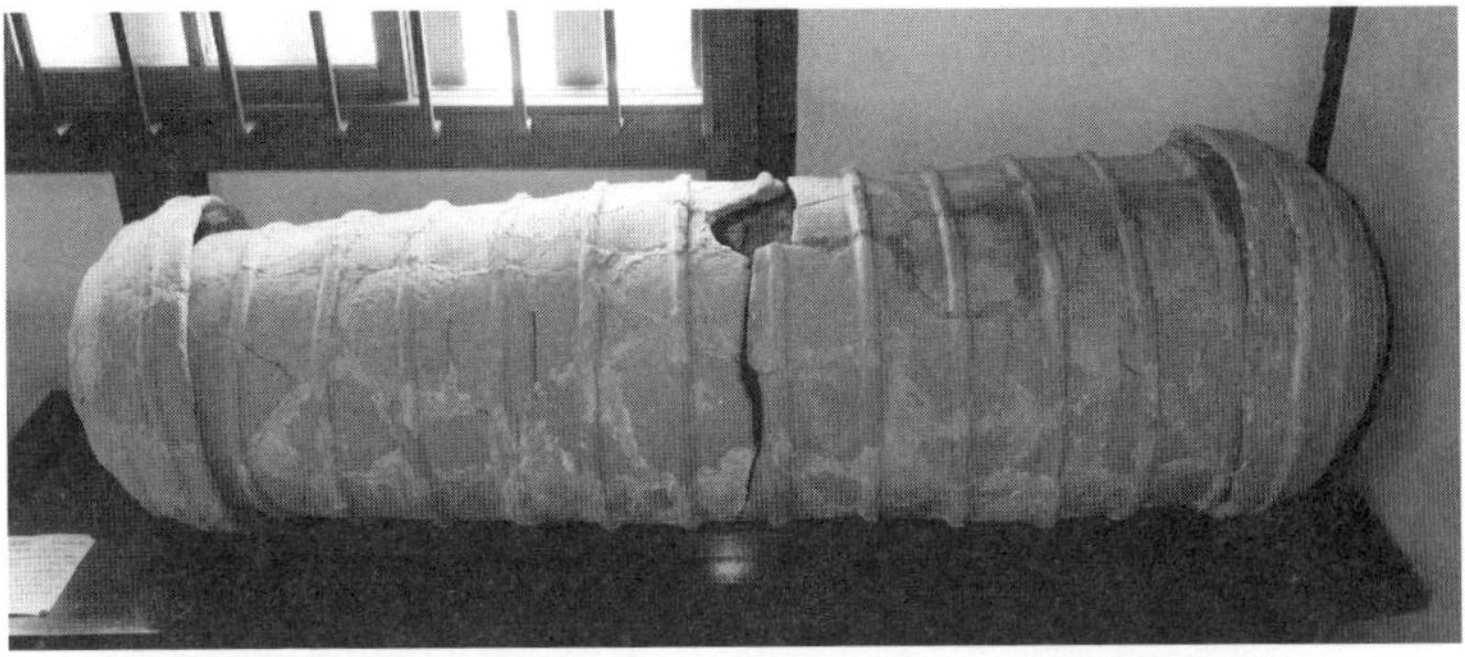

福岡県宗像地方でも出土し，吉備が早くから玄界灘沿岸豪族と
交流していたことを物語る吉備発祥の埴輪棺（倉敷考古館）

応神紀にはその弟・鴨別のことも書いてあって「笠臣《かさのおみ》の始祖なり」としている。笠臣の地とされるのは、岡山県西端の笠岡市だ。笠岡と東の倉敷とのあいだに旧・浅口郡の鴨方町などが合併した浅口市があり、市教育委員会の秋田裕は「鴨方の地名は鴨別の名からとられた」という。

この備中の西側に鴨別の地があることがおもしろい。

浅口郡については『肥後国風土記』に、景行天皇が玉名（熊本県北部）へいったとき「吉備国の朝勝見《あさのかつみ》が船のかじ取り役をした」としるされていて、その名からこの船長《ふなおさ》が浅口出身者だったと推定されている。

また景行紀には、景行はこのとき玉名にゆく前に熊襲を征討しており、そのあとに「天皇、……葦北より船発ちし、火国《ひのくに》に至る」という記事がみえる。葦北は例の允恭后・忍坂媛《おしさかひめ》以来の火葦北国《ひのあしきたのくにの》造《みやつこ》・阿利斯登《ありしと》の地だ。そして対熊襲最前線地域にいたこの豪族の祖のことを旧事紀の「国造本紀」が「葦北国造。景行の御代に吉備《きび》津彦命《つひこのみこと》の児・三井根子命に賜い定める」としるしている。

神功皇后紀での「鴨別に熊襲を討たしむ」、応神紀の「鴨別笠臣

吉備中心部の西側，高梁川河口域の海。川をのぼれば造山古墳一帯だ

始祖」の記事。「国造本紀」での葦北国造の祖としての「吉備津彦の児」、『肥後国風土記』の景行王船の船長「吉備の朝勝見」。

古代史の主要かつ重要な文献史料に、これほど吉備と火の国の関係が登場している。これまでさほど注目されなかったことだが、阿蘇石石棺や肥後式石室という考古学でみえるつながりは、この古代文献上でも浮かびあがるわけだ。京都教育大学教授・和田萃《あつむ》は、「景行の伝承は雄略朝の史実の反映」としている。阿蘇ピンク石棺はその雄略後に畿内に入る。

吉備王族のなかで対肥後との重要な役割をはたしたであろう鴨別の地、笠岡―浅口一帯。そこは、九州から瀬戸内海を吉備にむけてやってきた船が、東にある穴海《あなうみ》とよばれた奥深くにある吉備津へ遠まわりすることなく、西側から高梁《たかはし》川ぞいに造山古墳域の吉備王本拠地へとはいれるところだ。

そして、九州、半島へと西にむかう吉備の船や軍団が直

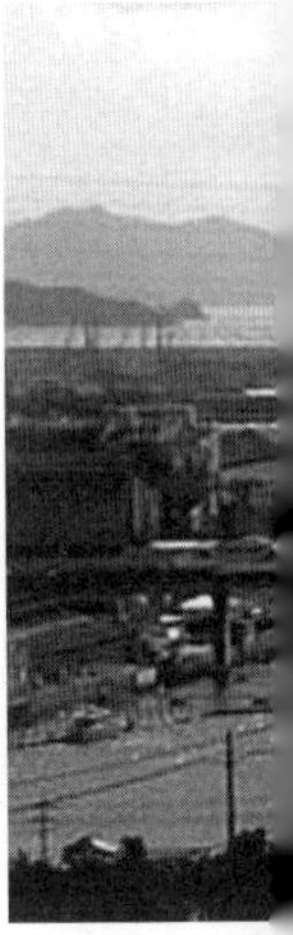

接瀬戸内海にでることができ、またその長い船路を終えていちはやく吉備の地へ帰着できるところだ。熊襲征討将軍・鴨別がこの地の首長となり、景行王船の船長らがここにいたのはそういうことからだろう。

攻めこむ雄略

近世からいまにいたる干拓や埋め立てで旧海岸線からはなれてしまった吉備一の宮・吉備津神社（岡山市）は、「津」という名のとおり古代は海にのぞんでいた。瀬戸内の海上交通と交易で栄えた国にふさわしい場所である。

祭神は八柱あり、大和からやってきて吉備氏の祖となったという説話がある大吉備津彦命《おおきびつひこのみこと》を主神に、多くが大和のミコトたちだ。ただそのなかに御友別命もはいっている。

京都府立大学名誉教授・門脇禎二は吉備津神社の社伝などの研究から、「御友別命こそが本来、吉備で生まれて吉備の地で伝承されていた神で、もともと御友別をまつっていた神社に飛鳥時代（六世紀後半―七世紀）以降、大和の神々が加祀《かし》されたものだ」（『吉備の古代史』）とする。

吉備津神社のもとは、吉備一族の氏神社であったわけだ。

岡山市西端の造山古墳からこの吉備津神社へゆく途中に、いただきを巨石が取りかこむ小山がある。地元の人はむかしからこれを「楯築《たてつき》さん」とよんでいる。じつはこの山上は、弥生終末期に当時の「吉備王」が葬られた墳丘墓だ。立石もほぼ弥生当時のままだという。

　ここに大吉備津彦命の伝説がのこっている。

　あるとき、鬼神が吉備の山にすみついて民衆に乱暴をふるったため、朝廷は孝霊天皇（神武から七代目）の皇子・彦《ひこ》五十《い》狭芹彦命《させりひこのみこと》を派遣する。大軍を率いて吉備にきたミコトは、いまの吉備津神社がある山に陣をしき、その西の山に石楯を立てて防衛線とした。戦いでミコトはみごとに鬼をやっつけて吉備津彦と改名し、吉備の盟主になったという。このとき石楯を立てた山が楯築だとされる。弥生時代からそれは立っていたわけだから石楯のことはご愛敬としても、これは王権の吉備氏征討の話だろう。

　これは吉備津神社縁起にあって「桃太郎伝説」のもとにもなった話だが、鬼や異形の乱暴者が民衆を困らせたため天皇が軍を派遣して成敗するというパターンは書紀のなかによくでてくる。

反抗する者を土蜘蛛《つちぐも》などとよび、大和王権の地方豪族征討を「悪者退治」として正当化している。
　だが「鬼」などとはいわず、はっきり「吉備一族の反乱」としている書紀の記述がある。しかも三回にもおよぶ。

吉備津神社ちかくにある「楯築」

五世紀も後半の雄略のとき。まず、備中の吉備下道臣・前津屋《さきつや》が「ちいさなおんどりを天皇の鶏として毛を抜き、おおきなおんどりを自分の鶏として闘わせ、ちいさなおんどりが勝つと殺す」（雄略七年紀）ことを聞いた雄略は、軍を派遣して一族をみな殺しにする。同じ年。今度は備前の吉備上道臣・田狭《たさ》が妻の稚媛《わかひめ》を雄略に妃に取られて反乱を起こす。最後は雄略の死直後。稚媛と雄略とのあいだにできた星川皇子が専横にふるまったため、朝廷軍に包囲されて焼き殺される。朝廷は上道臣一族をとがめてその支配地の「山部《やまべ》」（製鉄地帯とされる）を奪う。

この三回の「反乱」が史実かどうかはわからない。

ただ、吉備に君臨する豪族、王朝内の吉備系王族があいついで反乱を起こしたというのは、その裏になにかがあるような気がする。

雄略大王は「河内王朝」末期の雄君だが、この王朝の創始者と位置づけられている応神大王をみてみよう。応神は兄媛をたずねて吉備にいったとき、御友別の支配地をその子二人にわけて上道臣（備前）、下道臣（備中）とし、さらに御友別の弟の鴨別を波区芸県《はくぎのあがた》に配したとしている。波区芸県は笠臣の地である笠岡一帯、つまり備後だ。この記述は、ときの王権によって吉備王の一大領地が三つに分割されたことをしめしている。

ヤマトタケルのモデルともされる雄略の時代は、大和王権が中央集権化をはかるため地方征討戦をさかんにおこなった。それに対抗するように勢力を誇る〝もうひとつの王朝〟吉備。「反乱話」はこの一大勢力をたたきのめすいい口実になっただろう。しかも吉備の製鉄地帯奪取というおみやげつきだ。

応神（仁徳大王と同一人物ともされる）が吉備を分割統治するときの吉備行幸の理由となった兄媛、雄略のときに吉備反乱の動機となりさらに乱を誘導して吉備制圧の口実となった稚媛。同じように吉備の媛が道具立てになっている。兄媛は大王が恋するよき媛、稚媛は反抗をくわだてる悪しき媛と書紀の書き方は対照的だ。大王の事績も、聖人大王（応神）に「平和統治」、武人大王（雄略）に「征討戦争」のふたつにわけたのだろうか。

継体擁立のシンボル——新しいひつぎ

阿蘇灰色石石棺でつながっていた吉備と火の国のむすびつきが、吉備国への征討と雄略後の王権の混乱とで、新しいものへとかわっていく。大和王権の領域に接する播磨灘まぢかの小山のうえで、それを象徴的にみることができる。

備前のほぼ東端、岡山県瀬戸内市長船《おさふね》町。東にたどると播磨（兵庫県）との境の奥深い入り江、南にくだると瀬戸内海にのぞむ牛窓《うしまど》湾だ。

その谷あいの道を見おろす山すそに築山古墳がある。瀬戸内海航路をにらむような大仰なところではない。海からかなりはいった山かげの、どちらかといえばひっそりとした場所。そこに阿蘇ピンク石棺がひとつおかれている。

阿蘇ピンク石が産する九州・宇土半島から、有明海、東シナ海、玄界灘、そして瀬戸内海をへて海路八四〇キロ余。なぜこんなところにポツンと、海を渡ってきた阿蘇ピンク石棺があるのだろう。

五世紀後半、大型古墳が少し小ぶりになるが、備中に加えて備前にも古墳群が出現する。書紀によると備前に上道臣、備中に下道臣がいた。両地域の古墳群はそれをあらわしているのだろう。

ただそれも、雄略大王のときまでのことだ。その吉備の二大豪族が「反乱」を起こして平定されたと書記にしるされる五世紀末（四七九年ごろ＝倭王・武の年代比定による）以降、吉備の大古墳はぱたりと姿を消す。

造山石棺、千足《せんぞく》古墳石室がしめす、備中と肥後との交流は五世紀後半。そして備前の中心古墳・両宮山古墳そばの小山古墳の阿蘇灰色石石棺は五世紀末だ。

応神以来、河内（大阪南部）に進出し、地方豪族への征討戦を繰りひろげて中央集権化をすすめた「河内王朝」。その最後の仕上げをしたのが雄略だ。吉備とほぼ時を同じくして各地の大型古墳もほぼ姿を消してしまう。

その雄略の死後、大和王権に変化が起こる。攻撃的な雄略が有力な王族をつぎつぎと抹殺したせいか、その後の大王は宮廷内の基盤が弱くなる。

國學院大学教授・岡田精司（古代史学）は、この時期を「大動乱時代」（『日本古代王朝と内乱』）とよぶ。五世紀末に起こった宮廷内や吉備でひろがる反乱をさしている。考古学でも、この時期の古墳について立命館大学教授・和田晴吾は「大王の力がガタッと落ちたことが大王陵相当の古墳の規模縮小に反映する。地方の古墳の変化をみても雄略時代に再編された地方豪族が、こんどはつぶされた大豪族に代わって台頭してきているのがわかる」という。

王権が弱体化し、ほぼ一世紀つづいた「河内王朝」が終焉《しゅうえん》の時を迎える。そして新しい地方勢力が起こってくる時代だった。

雄略から、実在性が疑われる三大王もふくめた短期の四代をへて継体大王が即位するのは五〇

宇土から海路800キロ余。築山古墳の阿蘇ピンク石棺

七年。だが、その前の五世紀末には継体はすでに宮廷にいたという説もある。継体は多くの古代史学者によって「それまでの王朝とは無関係」とされる。宮廷内擁立ではなく、新しく地方で基盤を築きあげていた越前、近江、尾張、そして九州などの地方豪族がその擁立勢力になったという。そしてそれが、「石棺同盟」でいう畿内・長持形を取りかこむ舟形石棺の分布域であったことが重要だ。

長持形から家形石棺への転換期に阿蘇ピンク石棺が王族の墓にはいって「大王家のひつぎ」となる。そして築山古墳の阿蘇ピンク石棺は、継体擁立勢力が吉備東端にもいたことをあらわしている。

築山の南、備讃瀬戸と播磨灘の接点にある牛窓には、五世紀末－六世紀はじめにかけて新しい古墳群が造られる。築山もその古墳群にはいるが、少しはなれている。時期もややふるく五世紀後半のなかばあたりだという。牛窓新勢力の創始者か？

「吉備が力をそがれたその時に……牛窓・長船地域の首長たちは、大和王権にその『海の力』を認められて力を伸ばした」と『牛窓町史』が書くその王権は、新しく誕生しようとする継体王朝だった。

高木恭二はそのふるさから、築山古墳の被葬者が九州勢力とむすんで「新しい王朝」への動きに連携し、畿内に阿蘇ピンクの石棺を伝えた最初の人物ではなかったかと想定している。

間壁忠彦は、この畿内での新勢力側の石棺のうけいれについて以下の論を立てている。

畿内とその周辺にはいっていた阿蘇石石棺がそれまでの灰色石から阿蘇ピンク石にかわるのは、「九州の有力豪族がひつぎとしている石棺とはちがう石材をもちいることによって、新しいスタイルの石棺をめざした」と考えられ、そのいっぽうで「畿内の旧勢力を代表する棺であった長持形石棺とは形も石材もちがった新しい棺」を採用した。長持山二号棺は家形石棺の祖形とされる。そこに「畿内に新しく台頭してきた勢力の動きをみることができる」（『石棺から古墳時代を考える』）。

そして、こう表現する。「阿蘇ピンクは、王権が交代するときの石棺だった」と。

新王朝のシンボルとして、阿蘇ピンク石棺がいよいよ大王家のひつぎとなっていく。

琵琶湖夕景

継体の即位

黄金色の稲穂が風にさわぐ瑞穂の国。そのまほろばに、のちに継体とよばれる大王がたつ。「まほろば」とは、優れたところ。王権の地・大和のことをこうよんだ。だが継体大王にとってのまほろばは、彼が生まれた一族の地、近江・琵琶湖地方であったのかもしれない。

古事記・武烈記にこうある。「天皇すでに亡くなり、皇位を継ぐべき皇子なかりき。よって応神天皇の五世孫、袁本杼命《をほどのみこと》を近淡海（近江）の国より上らせ、手白髪命《たしらかのみこと》（手白香皇女）に合わせて天下《あまのした》を授け奉りき」

ヲホドノミコト、すなわち継体大王。即位は六世紀初頭の五〇七年とされる。

このとき、国家体制としての大和朝廷はまだ確立していなかった。七世紀代に最高統治者としての天皇号が採用される以前の、大王の時代。大王家と中央豪族のあいだで繰りかえされる連携と対立。いまだ独立性が強い地方豪族たち。外には朝鮮半島諸国との緊張。

とくに強権をふるって「靫部《ゆげい》」や「膳部《かしわ》」といった軍事組織をととのえて豪族をしたがえた雄略大王時代の反動で、その死後、王権は揺れ動く。

そんなときに登場した継体は、「謎の大王」といわれる。その出自が明確ではないからだ。古事記には「近淡海より上らせ」とあるが、日本書紀・継体紀には「三国《みくに》（福井県福井市、三国

鴨稲荷山古墳被葬者の復元像。継体とつながるイメージがうかぶ（滋賀県立安土城考古博物館）

町）に迎え奉る」としるされている。書紀では、近江国高嶋郡（琵琶湖西岸）の三尾にいた彦主《ひこう》人王《しのおう》が三国の豪族の娘・振媛《ふるひめ》を妃《きさき》とし、そのあいだに継体が生まれた、しかし彦主人王が亡くなって振媛は三国に帰り、一族のもとで継体を育てあげた、となっている。

さらには継体が迎えられて即位したのは五七歳のときだという。すでに父系の三尾氏の媛、出雲の媛、濃尾平野と伊勢湾一帯で勢力をふるっていた尾張氏の媛を妃にしていた。

継体の即位前の足跡を追って、近江・琵琶湖畔をたずねた。

春の陽光がまぶしく映える湖岸ぞいを電車は走り、JR湖西線の安曇川《あどがわ》駅に降りたつ。福岡の志賀島を拠点にしていた古代海人族・阿曇《あずみ》の、日本海ぞいの北上をしめす名だ。どこかに九州の「におい」がするのは気のせいか……。だが、滋賀県高島市歴史民俗資料館学芸員・白井忠雄の近江なまりの「ここは、継体のお

鴨稲荷山古墳の副葬品から復元された王冠（滋賀県立安土城考古博物館）

父さんがいやはったとこですわ」がその思いを吹き飛ばす。

「継体のお父さん」、高島・三尾にいたヒコウシ王。振媛は日本海ぞいの三国から「容姿端麗」の評判を聞いて迎えたという。その振媛との子・継体の擁立には、湖西の豪族・三尾氏がおおきくかかわったとされる。

三尾氏の墓、鴨稲荷山《かもいなりやま》古墳が資料館のそばにある。明治時代の道路工事で白い色の石棺がでてきた。石蓋を開けてみると、なかに金銅製（銅に金メッキを施したもの）の冠と沓《くつ》、鳳凰《ほうおう》をかたどった把《つか》飾りの大刀、そして青いガラス玉を純金でつつんだ耳飾り。それは朝鮮半島南部、加耶《かや》のものと同じ意匠だった。

時期は六世紀前半。「お父さん」の墓としては時期がちがうが、ときの継体王朝にちかい豪族のものだ。

高島から湖面をへだてて対岸の坂田（滋賀県米原市近江町）。湖東の豪族・息長《おきなが》氏の本拠地だ。

そこに、鴨稲荷山と同じ時期の山津照《やまつてる》神社古墳がある。湖のまわりにたたずむ山や津に、湖面に

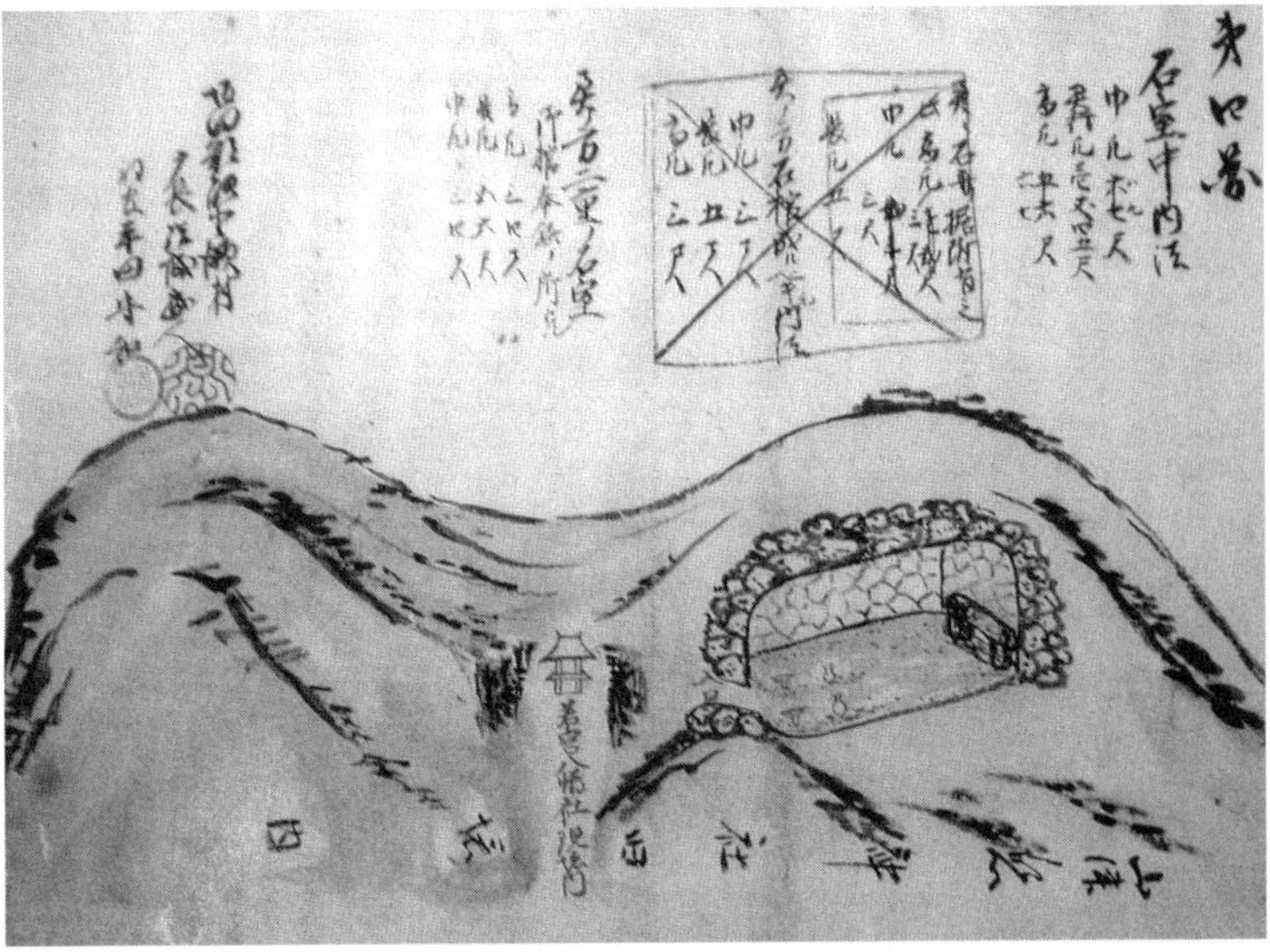

山津照神社古墳の絵図。石室右隅に石屋形が描かれている

さす陽光が照りかえしているような麗しい名だ。神社は息長氏をまつっている。

その息長氏の古墳の石室はこわされてしまったが、神社の蔵に絵図がのこっていた。絵のなかに、ふつう近畿の古墳にはない不思議な構造物が描かれている。石室の奥におおきな石棚が造られているのだ。それは、「石屋《いしゃ》形《かた》」とよばれる九州・肥後式の石室の構造だった。

「九州のにおい」は、確かにあったのだ。だが、のちに王権中枢にはいりオキナガタラシヒメ＝神功皇后の伝説を生んだ息長氏の古墳の石室が、なぜ肥後式なのか。伝説とされる皇后の熊襲《くまそ》・三韓征伐は、この時代の息長氏の実際の九州行にもとづいた伝承だったのだろうか。だとすると、その伝承が生まれたのは継体時代のことになる。

山津照の石室からも半島系の金銅の冠や装飾品がでている。蔵にはその残欠が標本箱に入れられていた。風化で黒ずみながらも、緑青とにぶい金色がわずかにのこっている。肥後式の石室、半島の金の冠。継体当時の倭国の豪族たちの海を通じた同盟と交流、そして戦争が、そのちいさな破片にこめられているようだ。

琵琶湖岸に肥後式の石室がはいっていたわけとその交流を追って、日本海へいってみよう。

日本海の雄、筑紫とむすぶ

はるか沖に対馬暖流が北上する日本海にそって、北陸の海岸線がのびている。福井平野（福井県北部）を見おろす山頂に立つと、眼下に九頭竜川《くずりゅう》がゆったりと蛇行して流れているのが見える。古来より平野がひらけ、豊かな米どころとされる越前。全国的なブランド米であるコシヒカリはこの福井平野で誕生しているが、福井のもうひとつの全国ブランドが継体大王だ。「福井では継体さんは有名人でね。土地の人は『福井から天皇さんになった偉い人』と自慢していますよ」。福井県埋蔵文化財調査センター所長・中司照世は、古墳のある山のうえから日本海をながめながらこういう。

平野一帯が「三国」とよばれていた一五〇〇年前、継体大王はこの地で育ったとされる。母子が暮らしたという高椋《たかむく》宮跡が平野北部の丸岡町にあり、中央部の福井市の小高い公園には大王の石像が建てられて九頭竜川河口をにらんでいる。

福井市の市街地を見おろす公園に立っている継体大王の石像

海にひらいた平野のまわりを標高二〇〇メートル前後の急傾斜の山が壁のように取りまく。その山頂や尾根筋に、越前の豪族たちの古墳がならんでいる。

平野の民に威勢をしめすようなそれらの古墳に、五世紀後半から北部九州系の横穴式石室が出現する。古墳のなかの石室に横から入り口がつけられているのが横穴式石室だ。四世紀末ごろ朝鮮半島から九州に伝わったが、九州で北部九州・肥後式とそれぞれの構造に発達し、列島を東へとひろがっていく。

JRの特急で京都駅から北陸線の福井まで一時間二〇分。若狭・近江に接する越前は、畿内にもちかい。そこに北部九州系の石室がはいるのは、やはり「海」がつながっているからだろう。だがそれはたんに海岸ぞいに西から東へ順々に伝わったのではない。途中の山陰を飛びこえ、若狭に最初にはいっている。

しかもその五世紀なかごろの向山1号墳（若狭町）の横穴式石室は、日本海側だけでなく本州で最古とされるものだ。だからそこに、北部九州と直接関係をもつ本州の有力豪族がいたと想定される。中司は「それは膳氏《かしわで》だろう」という。

膳氏――。征討戦の糧食をととのえる膳部から大王近侍《きんじ》の軍臣になった膳氏は、あの伝説上のヤマトタケルの東征に仕えたともされ、東国一帯をおさえていた。

書紀・雄略八（四六四）年。高句麗に攻められた新羅の王が倭国へ救援軍の派遣をもとめてきた。「これによりて、膳臣斑鳩《かしわでのおみいかるが》、吉備臣小梨《きびのおみをなし》、難波吉士赤目子《なにわのきし》を勧めて、行きて新羅を救はしむ」

その膳臣斑鳩の墓と想定される古墳が、若狭にある。

福井県若狭町教育委員会の永江寿夫。「名前も膳部山《ぜんぶやま》という山があって、その山すそに膳氏の古墳の一群があるのです」

そのひとつ、五世紀末の前方後円墳・西塚古墳。副葬品は、位の高さを象徴する中国製の鏡、武将であることをしめす甲冑《かっちゅう》、馬具、そして朝鮮半島製の金の耳飾り。墳丘には吉備で作られた埴輪《はにわ》。

古墳の時期は、その被葬者が中国・宋への上表文で西暦四七〇年代の在位が確実な雄略大王の時代の人物であることを、副葬品は半島と縁をもった武将であることを、そして埴輪は吉備の氏族と僚友関係があったことを、それぞれしめす。それに膳臣斑鳩がぴたりと当てはまる。

その石室も、北部九州系横穴石室だった。

中司はこういう情景を描く。「王権の命をうけて半島へむかうとき、膳臣らの統率のもとに各地の軍船が玄界灘沿岸の港に集結した。出航を待つあいだ、半島に力をもつ筑紫の豪族とつながりをむすんだのではないだろうか」。その関係からか、膳氏の古墳には百済や加耶系の王冠など半島系の金装飾品が潤沢にはいっている。この時代、半島の国々を「目かがやく金銀の国」ともよんでいた。

百済の王冠と冠帽（韓国・国立中央博物館図録）。若狭の十善ノ森古墳から同様の冠帽が出ている

ちょうど九州・阿蘇凝灰岩《ぎょうかいがん》石棺や九州式石室が畿内や周辺にはいる時代、畿内のみならず地方豪族のなかに半島舶来、または渡来工人が作った金の冠や装飾品をもつ豪族たちが出現する。そして彼らが葬られた古墳の多くは、海をのぞむ場所に造られている。

越前・福井平野。古墳がならぶ山の下、ひとつだけ平地ぎわに前方後円墳がある。畿内

椀子皇子の墓とされる椀貸山古墳（福井県金津町）

でも格の高い様式とされる墳丘を三段にわけて築造した六世紀前半の古墳だ。継体の三国時代の子で三国氏の祖となったといわれる椀子皇子《まろこのみこ》の墓とされ、その名も椀貸山《わんかしやま》古墳だ。そしてその石室にも、あの肥後式の石屋形があった。中司は椀貸山のすぐちかくにも石屋形の古墳があると教えてくれた。近江の山津照神社古墳もふくめて「継体の伝承があるところに北部九州系石室や岩屋形がはいっている。筑紫君《つくしのきみ》も越前、近江、尾張にならぶ継体擁立のおおきな柱のひとつではないだろうか」というのである。

ただ、北部九州系の石室や石棺の様式（タイプ）は日本海ルートで伝わっているが、阿蘇石の石棺そのものは、瀬戸内海ルートだけで畿内にはいっている。

継体が生まれた近江で、高島市歴史民俗資料館の白井忠雄がいっていた。

「日本海ルートで半島の文物や技術がふんだんにはいってきた。しかし新羅や百済の国使は瀬戸内海をとおっている。大和王権の公式ルートはやはり瀬戸内海だった」

阿蘇石石棺は、王権の公式ルート・瀬戸内海を運ばれた。

吉備王など瀬戸内海をおさえた豪族はいる。しかし九州までの瀬戸内海全体を見わたした場合、そのうえの中央氏族が浮かぶ。日本海・東国の膳氏に対して、瀬戸内海を含む西国を勢力基盤とした大伴氏だ。

大伴氏も雄略の時代に頭角をあらわした。雄略朝の大連《おおむらじ》・大伴室屋《むろや》のあとを継いだ金村《かなむら》がときの大連として継体を大王に擁立し、畿内に迎えいれた。京都府立大学名誉教授・門脇禎二は「大伴は大和の氏族では唯一、西国にむかう海上交通の拠点をもっていた」という。その海のルートで阿蘇ピンク石棺が運ばれてくる。

金村をまつる神社もまた、高椋宮跡のちかくにあった。

大伴氏と江田船山大刀銘

海ゆかば　水漬《みづ》くかばね
山ゆかば　草むすかばね
大君《おおきみ》の　辺《へ》にこそ死なめ……

太平洋戦争中に国民精神発揚のためと文部省（当時）が制作し、「君が代」につぐ国民儀礼歌として歌われた「海ゆかば」。荘重な旋律が心をうつが、その歌詞にはなにか悲壮感がただよい、戦争による日本の国家と国民の運命を象徴するかのようで、もの悲しくもある。当時の資料に「作曲・信時潔《のぶとき》、作歌・大伴家持」とある。信時は東京音楽学校の教授だが、大伴家持は八世紀の万葉歌人だ。

じつはこの歌詞は、家持がその長歌（万葉集巻十八）に歌いこんだ大伴氏の祖先からの伝承歌だった。大伴氏は五－六世紀代にもっとも隆盛した軍事大氏族だ。

八世紀には衰退していた大伴氏の再興を家持はねがっていた。その長歌のつづき。「梓弓《あずさゆみ》手にとりもち、剣大刀腰にとり佩《は》いて……大王の御門のまもり」。大王（のちに天皇）の即位式のとき、朝廷の百官の貴族・氏族たちがうやうやしく拝礼する新大王の横に、大伴氏は黄金の靫《ゆき》を帯びて立つ。

靫は背中に負う矢を入れる武具。古代においては武人の象徴で、大王の軍隊が靫負部《ゆげいべ》とよばれるのはこのことからだ。大伴氏はそれを統帥したが、雄略大王のときに大伴室屋が大連として軍事のみならず政権の中枢をにぎる。陸海軍大臣から「総理大臣」になったのだ。この時代は宮廷が大王親政の政府で、室屋は大王のもとでそれをつかさどった。

この室屋と火の国豪族との関係をしめすものがある。

熊本・菊池川ぞいにある江田船山《えたふなやま》古墳から出土した、「治天下獲□□□鹵大王世　奉事典曹人名无利弖……」の銀象嵌銘文がある大刀（五世紀後半）だ。

「治天下」は、天下を治めた。「獲□□□鹵」の□の部分は判読不能のところだが、埼玉県・稲荷山古墳出土の鉄剣象嵌銘文に「獲加多支鹵《わかたける》大王」とあるので、それは稚武《わかたける》の名が書紀にしるされている雄略大王のこととわかる。「奉事」は仕えたという意味。「典」はつかさどる、「曹」は役所つまり宮廷の政務部門のこと。「无利弖」はムリテと読んで、この刀を作らせた人の名だ。

この銘文は「奉事典曹人」をどう読むかでちがってくる。

「奉事セシ典曹人」と読めば、「雄略大王の世に仕えた、政務をつかさどった人」という意味になる。その場合は「典曹人、その名はムリテ」だからムリテは宮廷にいて政務をつかさどった大物だ。雄略の世で政務をつかさどっていたのは、大伴室屋。だからムリテ＝室屋がこの鉄刀を作り、この古墳の被葬者に与えたことになる。

しかし「典曹ニ奉事セシ人」と読めば、「政務をつかさどるところに仕えた人」となってそれがムリテとなるから、これは大和の宮廷で室屋がつかさどる役所に仕えたムリテ＝被葬者がこの刀を作ったことになる。

江田船山銀象嵌銘大刀「…鹵大王世奉事典曹人名…」部分（複製・和水町教育委員会＝原品は東京国立博物館）

奈良大学教授・白石太一郎は、「大伴氏のような中央の有力豪族の族長がこの刀を作り、自分の職掌をはたすうえで提携関係にあり、その助けを借りなければならない地方豪族にこうした銘をもつ刀剣を与えたのではないか」（『東アジアと江田船山古墳』）とムリテ＝室屋説をとっている。しかし、いずれの場合でも被葬者と室屋の主従関係をあらわす銘文である。

大王の時代、地方豪族の子弟は宮廷に出仕させられた。東国からは膳氏が統率する膳大伴部《かしわでのおおともべ》に、西国からは大伴氏が統率する靫負大伴部《ゆげいのおおともべ》に。

安土城考古博物館学芸課長・大橋信弥は、膳氏は大伴金村の失脚（六三〇年前後）のあと、東日本を基盤としていた阿部氏が大伴氏から「膳大伴部」をついで名乗った可能性がおおきいとする。だとすると、靫負部・膳部とも王権の軍事はすべて大伴の統帥下にあったことになり、雄略から継体にかけての大伴氏の存在は絶大なものになる。

大橋はこういう。「（地方豪族の）子弟をトモ（伴）として宮廷に番上（勤務）させ、その治下の民を名代、子代に編成、管理させるという大和王権の政治組織の再編・強化によって生まれた新しい体制……。大伴氏こそかかる新しい体制の推進者である」（『日本古代の王権と氏族』）。膳氏がどうであれ、大伴が五世紀後半―六世紀前半の王権の全国支配の中心にいた。

江田船山古墳がある菊池川流域の阿蘇灰色石石棺は、この時代に大伴と「同国近隣」とされる紀氏の拠点海路ぞいにはいっているのである。阿蘇の南、火葦北国造《ひのあしきたのくにのみやつこ》・阿利斯登《ありしと》。葦北（不知火海南部沿岸）にある大王家の所領を管理し、靫負部に属したこの一族が、大伴金村を「我が

金村を祭神とする久米田神社＝福井県丸岡町

君」とよんでいたことも書紀にしるされている。阿蘇凝灰岩産地の豪族たちと大伴氏の関係は、このように深い。

室屋から大連の地位をついだ孫・大伴金村は王統がとだえたあと、政権を代表する形で継体の擁立をはかり、即位を遠慮する継体に神器である鏡と剣を差しだす。これが、継体王朝が正式に誕生した瞬間だった。

その王朝が阿蘇ピンク石棺を「新王朝のシンボル」（倉敷考古館長・間壁忠彦）としたのである。

継体の出自をたずねて琵琶湖、日本海、畿内をたどってきた。雄略から継体へと王朝が変化するなかでの王権中枢氏族・大伴氏の存在がおおきく浮かびあがってきた。おそらく阿蘇ピンク石と大王家の接点となったのは、この大伴氏ではないだろうか。阿蘇ピンク石の赤い航跡のかなたにそれが見えてくる。

ところで、この時代に活躍した有力氏族に物部氏《もののべ》がいる。考古学者のなかには阿蘇ピンク石棺の畿内導入に物部氏が携わったという人もいるが、その可能性はうすいと思う。

継体は即位したもののすぐには大和にははいらず、北摂津あたりの宮を転々としている。これは宮廷や中央氏族のなかに畿外からの継体擁立への反対勢力がいたためとされ、その旗頭が物部氏だったとする古代史学者が多い。継体に反対した氏族が新しい大王のひつぎを導入する役割をするとは考えられない。間壁は、物部氏は竜山石《たつやまいし》と強い結びつきがあったとしている。

こうして成立した継体王朝と大伴氏の権勢だったが、そのあと影をさしてくるのが風雲急を告げる朝鮮半島と九州の情勢だ。これが阿蘇ピンク石棺の命運にもつながることになる。

百済に筑紫人の古墳

韓国の百万都市、全羅南道・光州市をおとずれたのは真夏だった。暑さからのがれて食堂に飛びこみ冷麺を頼んだら、唐辛子で真っ赤だった。

1500年の時をへて現代の市街地に取りかこまれてしまった光州の前方後円墳。2基ならんでいるのはここだけ

その食堂のメニューのなかに「巻きずし」があった。戦前に日本人がもちこんだものだろう。

日本風といえば、食堂の窓の外に「ふたこぶラクダ」風の小山がふたつ見える。日本の古墳時代に大王や豪族の墓となった前方後円墳だった。

考古学者たちは四世紀以降、全国的にひろがる前方後円墳の分布を「前方後円墳体制」と名づけて大和王権の全国支配のあかしとしている。だが、古代史学者は大和王権の全国支配はすくなくとも五世紀後半の雄略以後だとして、この

■図10　500年ごろの朝鮮半島４国の大体の推測

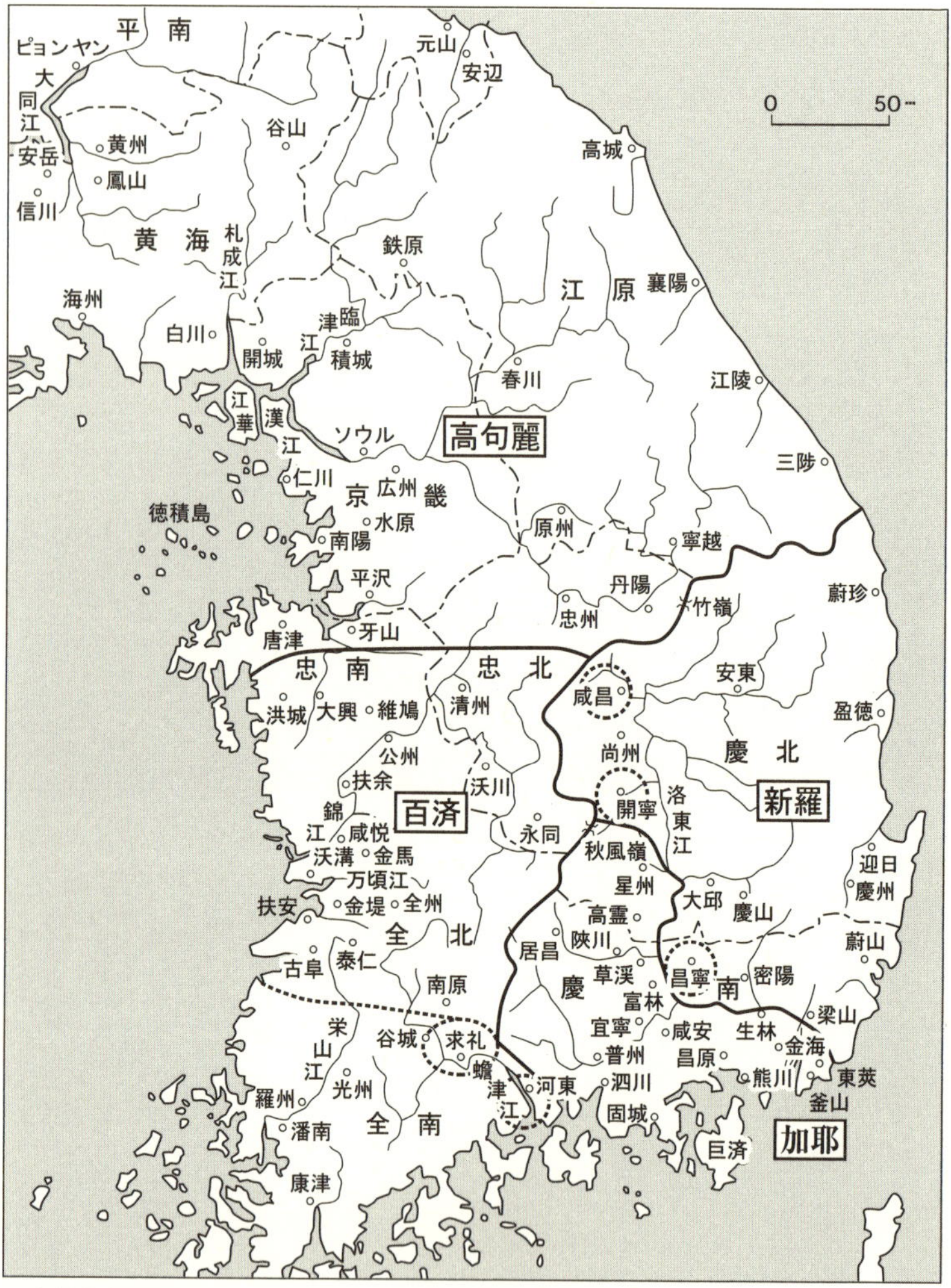

＊山尾幸久原図

時代認識をいぶかる。

とはいっても前方後円墳が日本特有の古墳の形であることにかわりはない。その前方後円墳が韓国南西部、光州から木浦にかけて流れる栄山江《ヨムサンガン》流域に点在している。なぜだろう。

韓国の前方後円墳は一三基。日本での数にくらべるとほんのわずかだ。しかも五世紀末ごろ突如として出現し、六世紀前半までに忽然《こつぜん》と姿を消す。日本では雄略（ないしその直後）から継体大王にかけての時代だ。

慶北大学校（韓国大邱市）副教授・朴天秀《パクチョンス》によると、これらの前方後円墳にはいくつかの特徴があるという。まず、ほとんどの場合がこの地方の在地豪族たちの墳墓群からはなれた地域に一基だけ出現する。まるで在地勢力のあいだに打ちこまれたクサビのように。しかもその一基だけで終わる。つまり一世代限定だ。

そして副葬品に在地豪族の墓にはない百済王朝系の文物と武具類がはいっている。百済に属した武将とみていい。さらに同じ時期の北部九州や有明海沿岸の古墳と同タイプの埴輪や横穴式石室がある。

朴はこういう。「百済がまだその勢力がおよんでいなかった栄山江流域の領有化のために派遣した、倭人《わじん》たちの墓だ」。そしてその倭人の出自を有明海沿岸にもとめている。

書紀・雄略二三年。「百済の文斤王が亡くなり、大王は倭国にいた百済の王子に筑紫の軍士五〇〇人を護衛につけて送り、これを東城王とした。この年、筑紫の安致臣《あちのおみ》らが水軍を率いて高句麗を撃つ」。百済の国史と対照すると四七九年のことになる。

北の高句麗と交戦状態にあった百済は再三、倭国に救援をもとめてきた。倭国は、進んだ百済の政治体制、文物、技術の導入を目的に同盟をむすんでいる。百済の王子が倭国にいたのもこうした盟約でのこと。雄略の「筑紫軍士五〇〇人」の前後も、何度か半島に支援軍が派遣されている。その彼らのうち、のこって百済王朝の属臣となった人々がいたようだ。

栄山江流域は、当時の百済の首都（忠清南道公州市）から山をこえて約一五〇キロ南にある旧「馬韓《ばかん》」の地だ。この地域には埋葬におおきな甕棺《かめかん》をつかう独自の葬法をとるなど、百済とはちがう「馬韓残存勢力」が住んでいた。

全羅南道・霊岩陶器文化センターの任喜星《イムヒセン》は「五世紀まではここに百済の力があまりおよんでいなかった。六世紀以降にようやく百済式の古墳がはいる」という。

栄山江流域の東には加耶諸国、その東には強国・新羅がひかえている。北から高句麗の圧迫をうけていた百済は、南の栄山江流域を領有化することで国力充実をはかるとともに、東の守りもかためたかったにちがいない。

ヤマトの大王から百済救援の命をうけて派遣された「筑紫軍士」たち。彼らのすべてではないにしても、その役割をまっとうし、その地に骨をうずめた九州の軍士たちがいた——。

百済・武寧王陵がある国立公州博物館にいくと、王陵石室内に安置されていた武寧王と后のひつぎを見ることができる。材種は日本にしかないコウヤマキ。大和王権初期、王族クラスのひつ

倭国から運ばれたコウヤマキの武寧王陵出土棺材（韓国・国立公州博物館）

ぎにつかわれた高貴な棺材だ。武寧王も王子のとき、倭国にいて、本国に帰って即位し、継体のときに没した。このため、「王の死に際し、継体が贈った棺材」とされている。ひつぎは倭国と百済の同盟、そして継体と武寧王（斯麻《しま》王）の強いつながりのあかしでもある。

栄山江の前方後円墳を、韓国では「在地の馬韓豪族たちが、百済をふせぐために倭との関係を誇示するアピールとして倭の古墳の形を採用した」と、日本でも「百済属臣ではなく、たんにそこに渡った倭人の墓」とする人もいるが、熊本大学に留学して九州の古墳とも比較考証した朴の「筑紫軍士－百済属臣」説が、いまは両国ともに最有力とされる解釈だ。

白石太一郎は倭の半島交渉での半島側の窓口について、「五世紀前半まではおもに洛東江流域諸国（加耶）だったのが、五世紀なかごろ以降には栄山江流域地帯にうつる」（歴史民俗博物館『古代アジ

はるか倭国につながる海を見る長鼓山古墳

アにおける倭と加耶の交流』所収）とする。栄山江の前方後円墳の被葬者たちが生きていた時期だ。そして白石はさらにこの変化にともない倭側の窓口も玄界灘沿岸から有明海沿岸に変化したとしている。

これは、朴が栄山江の九州人の出自を有明海沿岸としたのに対応する見解だ。

そういえば、立命館大学名誉教授・山尾幸久は五世紀なかごろの允恭以降の宋への倭国使の出航地が玄界灘から有明海にうつるといっていた。文献には大伴金村に百済救援に派遣された不知火海の「火葦北国造・阿利斯登」（書紀）しか登場しないが、允恭から継体の時代にいたるまで大和王権の対半島政策によって「海を渡る」多くの筑紫と火の豪族たちがいたようだ。

さて、栄山江河口の木浦よりさらに南下した韓国南端、海南郡方山里。

遠くに青い海が光り、島々がかすんで見える。海にのぞんだちいさな平野を見おろす山あいに、ポツンと長鼓山古墳がうずくまっていた。

ゆったりと時が流れる静けさのなかで、一五〇〇年も故郷につながる海を見つづけてきた孤独な前方後円墳……。だがこの古墳の主が異国の地で生涯を閉じてしばらくしたころ、彼の故郷である有明海沿岸で大変なことが起こる。継体大王に反旗をひるがえす、磐井《いわい》の乱だ。

「筑紫王国」独立への夢

筑紫――。古代のある時期までは、いまの九州全体が筑紫島《つくしのしま》とよばれていた。その名の由来には、いろいろな説がある。九州を「地の尽きるところ」とみて、「尽くし」。これは、おそらく大和からの発想だろう。

筑紫平野（福岡県中南部）と北の福岡平野とのあいだに、長さ八キロほどの地峡がある。両側を山地にはさまれ、海峡のように細ながくなった土地。現在の地名でいえば福岡県筑紫野市だ。

その地峡が南の筑紫平野にひらくあたりに、筑紫神社がある。石柱にこう刻んであった。

「国号起源　筑紫神社」。神社の北側から西鉄天神大牟田線・筑紫駅にかけての大字名が「筑紫」。むかし、ちかくの山のなかに荒ぶる神が住んでいて往来する人をとって食ったので「人の命尽くしの神」とよばれた……。これが筑紫の発祥とされる。筑紫島の神も人も、もともと荒々しいのかもしれない。

筑紫君一族の古墳群出土の大加耶系金製耳飾り（八女市立岩戸山資料館）

そしてここは、筑紫君《つくしのきみ》の原郷でもある。ちかくに、その筑紫一族の最初の古墳群がある。それが五世紀以降、筑紫野から筑紫平野にでて久留米（平野中部）へ、さらに南の八女へと時代順にうつっていく。その古墳群の移動は、筑紫一族が有明海にのぞむ大平野に勢力を展開しながら、九州、つまり筑紫島を代表するような大豪族に成長していったことをしめしている。

おおきな前方後円墳一二基をふくめて約三〇〇基あるといわれる八女古墳群の中心は、勢力を最大に拡大した六世紀前半の筑紫国造《つくしのくにのみやつこ》磐井《いわい》の墓・岩戸山古墳（福岡県八女市）だ。周囲には磐井前後の一族の古墳がならび、そのひとつから黄金の耳飾りがでている。それは加耶系のものだ。

韓国南端にふたつの川が流れでている。東の洛東江《ナットンガン》（河口が釜山西の金海）と西の蟾津江《ソムジンガン》（同・光陽）。そのあいだのおおきな三角地帯が加耶諸国の地だ（一二六ページ図10参照）。六つか七つの小国があり、有力な国は北の大加耶（洛東江上流の高霊一帯）、南の金官加耶（金海一帯）。洛東江の東は新羅、蟾津江の西は百済だ。あいだにはさまれた加耶の盟主・大加耶王は、新羅に攻められたときに倭国にやってきて援軍をもとめ、逆に倭の百済よりの姿勢に反発して国交断絶をするなどしている。八女古墳群の耳飾りはその大加耶系のものだった。

古代史上、最大の反乱といわれる磐井の乱は、六世紀前半の五二七年ごろ起こった。このとき磐井は新羅とむすんだとされている。

書紀によると乱の経緯はこうだ。「新羅が南加耶に進攻してきたので、取り戻すため近江毛野《おうみのけぬの》臣《おみ》が六万の軍隊を率いて任那《みまな》（加耶）に渡ろうとした。ところが磐井はかねてから反逆の心を抱いていて、これを知った新羅が磐井に貨賂《まいない》を贈り、毛野臣軍を防ぎとめることをそそのかした。磐井は火・豊国にも勢力を張って王権に従わない」

この磐井・新羅提携説にたいし、八女市立岩戸山資料館の赤崎敏男はこういう。「べつの古墳から大加耶系の土器も見つかっているし、どちらかといえば加耶にちかかった。新羅関係の遺物なんかありませんよ」。ワイロなんてとんでもない、という口調だ。

磐井が新羅より加耶にちかかったとすると、なぜ大和王権の加耶救援軍をとめるような反乱を起こしたのか。福岡大学名誉教授・小田富士雄は「筑紫独立政権を目指したのではないか」とする。

書紀には、磐井が百済、新羅、任那の大和への貢ぎ物を載せた船もかすめ取った、などとも書かれている。それだけ磐井が玄界灘の制海権もにぎっていたことになる。半島との交易は磐井のおおきな経済基盤でもあっただろう。ところが雄略以降、中央集権体制を強めた大和王権が磐井を飛びこして百済と同盟関係をむすび、半島との交易権を磐井から取りあげつつあった。さらに半島への出兵のたびに大和が「筑紫軍士」の徴発を命じてくる。

筑紫の盟主たる磐井がそれに不満をつのらせ、みずからの力をたのんで独立の構想を抱いていた……という。そこに大和軍の半島進攻を防ぎたい新羅から「筑紫国独立を認知するから」といった外交的密約をささやかれて兵をあげた……。これは山尾幸久の説だ。

磐井は、大和軍を率いてきた毛野臣にこういったという。「むかしはわが友として肩と肘を寄せあって同じ器で同じものを食べた。いまなぜにわかに軍使となってわれを従わせようとするのだ」（書紀・継体二一年）。若いころには同じ釜の飯を食ってともに継体（王権）を支えてきたのに、そんなおれを従わせようというのか――。磐井のそんな思いがこの言葉から伝わってくる。

そのころ九州島の中部では火君《ひのきみ》が勢力を張っていた。火の国は阿蘇凝灰岩産地だ。大和と対抗するため、磐井はその火君一族と連携しようとする。

阿蘇石石棺がそのひつぎとなったように、大王家とのつながりを強めていた火の豪族たち。彼らは大王家に反旗をひるがえす筑紫での重大事態にどう対応したのだろうか。

磐井が生前に造っていた墓・岩戸山古墳＝福岡県八女市

火君うごかず磐井憤死

九州自動車道を福岡から一直線に南へ走ると、筑紫平野のむこうに低い壁のような山なみが見えてくる。阿蘇外輪山からのびる火山灰台地の北端だ。

車はさっき、磐井の乱のときに物部麁鹿火《もののべのあらかひ》率いる大和軍と筑紫軍の一大決戦がおこなわれたという平野北部の三井《みい》郡あたりをとおってきた。

「両軍の軍旗と軍鼓が向き合い、兵士がたてる土煙が舞いあがり、勝機をつかむ決死の戦い互いに譲らず」。決戦を再現する書紀の記述はいかにも真に迫っている。しかしこれは中国の戦記文をそのまま引用したもので、あてにはならない。

書紀は、磐井は火の国、豊の国（福岡県東北部、大分県）も巻きこんで乱を起こしたとしている。ほんとうはどうだったのか。火の国の盟主・火君は磐井の軍勢に加わったのか、それとも、ただ台地のうえから遠くの土煙を眺めていただけなのか。

車は排気煙をあげ広大な火の国台地へとはいあがる。台地をけずる菊池川を渡ってすぐの菊水インターを下りると、そこに江田船山《えたふなやま》古墳（熊本県和水町）がある。かつて菊池産の阿蘇石石棺を四国や畿内にだした一族の光芒《こうぼう》を象徴する古墳だ。

副葬品には目をみはるものがある。金銅製冠四個と沓《くつ》、三体分の甲冑《かっちゅう》、中央氏族・大伴氏とむ

石屋形と装飾壁画。火君一族の典型的な肥後式石室（熊本県立装飾古墳館の山鹿市・チブサン古墳復元石室）

すびつく内容の銘文入りをふくむ多数の大刀、剣。そして金の耳飾り三対。

五世紀後半から六世紀はじめにかけて三人が葬られたようだが、その被葬者像について考古学者・三木文雄はこう書いている。「緊急な対外関係に応じられるように多数の武器を備え、一方では進歩的微笑外交にもたけて（舶来系の）金色のまばゆい宝物を心ゆくまで手中に収めた近代的感覚の持ち主」（東京国立博物館『MUSEUM』）

この菊池川の豪族は火中君《ひのなかのきみ》とよばれる。一族は火の国の北を拠点として筑紫君とも血縁関係をむすび、筑紫君一族の古墳に肥後様式を伝えるなど筑紫と同盟した。君というのは地域をおさえた有力豪族のことで、国造はそのなかでも重要な地域のおおきな豪族に大和王権があたえた官名だ。筑紫君（筑紫国造）

からすると、火中君とむすぶことで火君勢力に影響力をおよぼしていたことになる。

もし、火一族が磐井の乱に加担したとすると、とうぜん火中君がそれに該当することになる。

だが、「進歩的な微笑外交」の〝家訓〟をひく火中君が、明治維新後の西南戦争のような戦いに、はたして参加しただろうか。

いっぽう、火の国の南には火葦北国造・阿利斯登がいた。この一族は、五世紀なかばの允恭大王時代から大王家の所領を管理し、のちに大伴金村の命で任那救援軍に加わり、さらに百済の倭人官僚となるなど、大和王権と軍事・外交面で密接につながっていた。本拠地は五世紀後半―六世紀前半にかけての古墳群がある球磨川河口（八代市）一帯だ。

筑紫君と同盟した北の火中君、大和王権に直結した南の火葦北国造。そして火の国の盟主たる火君。

九州自動車道は、松橋《まつばせ》インターと八代インターの中間あたりで氷川《ひかわ》を渡る。むかしは「火川」で、火君の本拠地だ。川の北岸（熊本県氷川町）の野津古墳群には六世紀前半のおおきな前方後円墳がならんでいて、火君がそのころ最盛期を迎えたことがわかる。ちょうど磐井の乱が起こった前後のころだ。

「筑紫君磐井……軍勢の勝つまじきを知りて、ひとり豊前国に逃れ、山中に果てき」（『筑後国風土記』）

筑紫軍は三井の決戦で敗れ、磐井は火の国ではなく、豊の国に逃れて憤死する。

■図11　北部九州における肥後様式の北上。左・石棚，右・石屋形を有する石室の分布

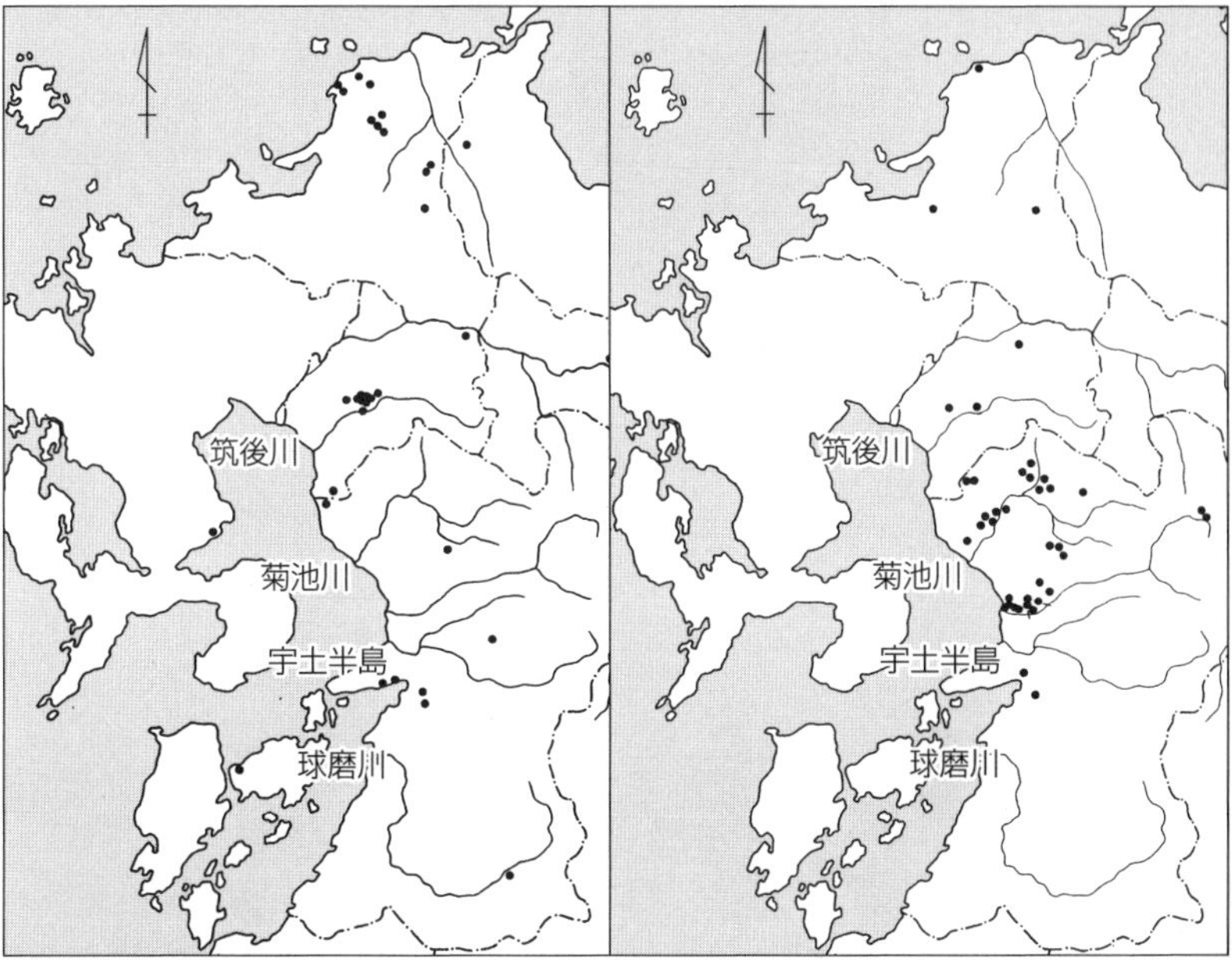

＊蔵富士寛2000年を改変

大和軍は玄界灘側から進軍してきたのか、決戦の舞台は磐井の本拠地よりも北、南の火君の勢力圏からはさらに遠くはなれている。戦争では地の利をたっとぶ。決戦地からしても磐井・火君連合軍の想定はむずかしい。磐井が生前に造り、勝ち誇った大和軍に破壊されたという岩戸山古墳ぎわの資料館で赤崎敏男は皮肉まじりにいう。「たぶん火中君は、乱にくわわらなかったか途中で裏切ったかのどちらかでしょう」。火中のクリは拾わなかった。

赤崎に裏切り者よばわりされた〝火の国側〟はどうみているか。火君の本拠地にある野津古墳群の調査をつづけている氷川町教育委員会の今田治代。「火君は乱後に勢力を筑前などにのばすことから、

一〇〇％磐井に加担していたわけではないようだ」（熊本古墳研究会『継体大王と6世紀の九州』）。遠慮がちなものいいだが、乱後の筑紫君の衰退に乗じるように装飾古墳など肥後式の古墳様式が一挙に筑後や玄界灘沿岸に北上していく事実は動かせない。それからしても、中立を守るか王権とむすんで磐井に取ってかわる道を選んだとしか思えない。

元西南学院大学教授・長洋一は、古事記にこの乱の征討将軍として物部麁鹿火とともに大伴金村の名があること、瀬戸内海西端から阿蘇経由で有明海ぞいにつながる古代の道があること、八女に大伴部がおかれることをあげ、火君一族と関係があった大伴金村もやってきて、磐井から火君を離反させる工作をおこなったのではないかと推定している（『大王のひつぎ海をゆく』所収「大王のひつぎ輸送と筑紫君、火君」）。いずれにしろ火君一族は、乱後に筑紫平野に進出拡大していく。

火の国のこの動静は、乱後に没した継体の陵墓に「火の国産」である阿蘇ピンク石棺が納められていることによっても推測できるだろう。

軍船発した淀川・筑紫津

大阪は「水の都」といわれる。淀川からの導水堀が網の目のようにとおり、人々はその親水景観のなかで暮らしている。眼前には大阪湾。

難波《なにわ》は、古代から日本の水運の中心だった。なかでも大動脈・淀川はその生命線だ。大阪湾から淀川をさかのぼる様子を歌った古謡がある。

難波の海　漕ぎもて上る　小舟大船
筑紫津までに　今少し上がれ　山崎までに
（古代歌謡「催馬楽《さいばら》」）

津は古代のみなとのことだ。山崎は摂津（大阪府北部）から山城（京都府）にはいる要所の川津で、いまのJR東海道線・山崎駅付近。この古謡からすると、琵琶湖から流れでる淀川の中流に「筑紫津」というみなとがあったようだ。九州をあらわす名のみなとが、古くから淀川にあった。それはどこなのだろう。

継体は淀川の水運を直接支配した大王とされる。北摂津にある継体陵・今城塚古墳（大阪府高槻市）。ちかくに芥川が流れ、高槻市の南端で淀川と合流する。合流点の淀川対岸の枚方《ひらかた》には継体が即位した樟葉宮《くずはのみや》があった。この一帯が、継体大王の故地だった。

芥川の堤防ぞいに白壁の土蔵と古い家がならぶ津之江。周辺には古代の倉庫跡が密集した遺跡があり、水運で栄えていたことがわかる。その町なみの木立のなかに神社がある。その名も「筑紫津神社」。

高槻市教育委員会の森田克行は、周辺の古代遺跡、地層にのこる淀川の古い潟の跡、津之江の

高槻市津之江にある筑紫津神社

名、そしてこの神社の存在から、このあたりから淀川合流点までの一帯が筑紫津だったとする。今城塚古墳は筑紫津神社からわずか一・五キロ。古墳やちかくの窯跡から出土した埴輪片の一〇点以上に停泊した船の線刻が描かれていた。碇綱《いかりづな》をおろした船の姿。大王おひざもとの筑紫津のにぎわいを描いたのだろう。

森田はこう説く。「筑紫津は継体大王の覇権をささえる中枢の地にあり、朝鮮半島経営の重要な軍事拠点だった。筑紫津とよばれるようになったのは、磐井の乱にさいして、継体が派遣した討伐軍の主戦部隊の軍船が発進したからではないか」

津の名前は、そこから出航する目的地をあらわすことが多い。佐賀県の唐津は加羅（加耶）＝韓《から》にむけて出航するみなとだった。博多湾西側の岬にも遣新羅使船が風待ちしたという唐泊《からどまり》の地名がのこっている。淀川が流れくだる大阪湾は、瀬戸内海をとおして九州へとつながる。そこには紀、吉備、筑紫や火の豪族たちがいた。この津からそれらの海に船がでてゆき、各地の物資を積んだ船がはいってくる。古代の船は喫水があさく、川から海へ、海から川へと行き来できる。

森田は言葉をつぐ。「九州からきた阿蘇ピンク石棺もこの筑紫津にはいってきたのでしょう」阿蘇ピンク石棺の研究者・高木恭二（宇土市教育委員会）が見学にやってきて今城塚古墳の墳丘上でピンク石棺片を見つけたのち、森田ら高槻市教育委員会の発掘調査で阿蘇ピンク石の石棺片が二〇〇点以上も出土している。

そして阿蘇ピンク以外の、竜山石と二上山石の石棺片も見つかった。このため「継体の石棺はどの石棺だったのか」が、つぎに注目されることになった。

后の手白香《てしらか》の墓はべつに大和にあるので、継体大王のもののほかは妃たちの石棺の破片となる。「継体は竜山石で、阿蘇ピンクと二上山は和珥《わに》系か息長《おきなが》系の妃のもの」というのが立命館大学教授・和田晴吾の説。だが間壁忠彦は阿蘇ピンク石が継体王朝を象徴する石棺とする。二上山石は新しい石材なので、この段階では「大王のひつぎ」、つまり継体の石棺石材ではないというのは両者とも一致している。髙木はもちろん継体石棺＝阿蘇ピンク説だ。

二〇〇四年に宇土市でおこなわれたシンポジウムでは、講師となった六人の古墳・石棺研究者のうち、阿蘇ピンク石を継体石棺としたのが四人、竜山石はひとり、あとは「いまはどちらともいえない」だった。竜山石産地の兵庫でシンポジウムをやると賛否が逆になる可能性もあるかもしれないが、全国の石棺を調べてまわっている埼玉県埋蔵文化財センター・増田一裕ら地域的に「公平な」立場の研究者も阿蘇ピンク石だった。

筑紫津跡の芥川の堤防にすわって、実際に筑紫津まで石棺を運んでくることから考えてみた。

筑紫津があったあたりの淀川と芥川合流点。上方に今城塚古墳

竜山石もたしかに「大王家のひつぎ」だったが、一般豪族の墓にももちいられて山口県までひろく分布している。産地の加古川河口から淀川河口まで重い石棺を台船曳航しても、古代の航程で二日あれば十分。しかし、九州からは二か月はゆうにかかる（二〇〇五年の「大王のひつぎ実験航海」）。長い航海とたいへんな労苦。それに携わる沿岸豪族もふくめた何百人という人々。それは大王の権力と、王権への献納意識ではじめてそれができるだろう。しかも産地の豪族さえ自分のひつぎにはできないほど、大王家に占有されたピンク石だ。

氏族の少数の古墳にもはいっているが、王権を体現する大王側近の族長という地位ゆえに、それが可能だったのだろう。息長、和珥系の妃といっても、族長ではなく系列の娘にすぎず、しかも継体の何人もいる妃のうちのひとりのために九州から石棺がわざわざ運ばれたとは思えない。その希少性と、貢納・運搬への王権の大がかりな権力発動を考えれば、やはり阿蘇ピンク石棺こそ「大王のひつぎ」であるだろう。

筑紫津の名がいつつけられたのかははっきりとはわからない。だがそこに、古墳時代の淀川の津があったことはたしかなことだし、継体大王陵とのちかさから、それが「王権の津」であったことも推定できよう。そしてこの時代、筑紫に大軍団が派遣されている。

その戦いのあと継体は死んだ。その継体大王のひつぎ、阿蘇ピンク石棺を載せた古代船団がはるかな海を渡り、淀川をさかのぼってこの津に着く。石棺を船から陸にあげる人々のかけ声……。芥川のそよぐ葦原に、そのざわめきをかさねてみた。

継体大王の最後

古事記と日本書紀とで書いていることがくいちがうことがある。とくに継体の記述では、そのはじまりからそれが目立つ。擁立時に継体がいたところは古事記では「近淡海（近江）」だが、書紀では「三国（越前）」。継体大王が亡くなったときの歳も、古事記は四三歳、書紀は七二歳だ。

継体王朝が「謎の王朝」とされるのはこうしたこともあるが、そもそも継体が「応神の五世孫」であるという記述を信用する古代史学者はほとんどいない。「継体はそれまでの王統と血縁的に無関係」（和田萃）というのが一般的な見方だ。

「河内王朝」末期、雄略後の王位継承が不安定で武烈をさいごに王統が絶え、そのあいだ、地方の豪族たちが独自に同盟をむすんで王権およびその基盤がおおきく揺らいでいたというのが古代史学者の共通した認識だ。

この危機にさいして、履中系の仁賢を父にもち、允恭系の雄略皇女を母として正しく王統をひく手白香皇女に、政治・経済力がしっかりした有力豪族を入り婿させて大王とし、王権のたてなおしをはかろうしたのだという。その白羽の矢がたったのが、鉄の産地で水運経済が発達した近江を拠点にし、越前、尾張、九州にも基盤をもつヲホド王（継体）だった。これが大筋の説だ。

「大筋」とするのは、これをAとすると、Ａa、Ａb、Ａc、Ｂaと記号分類ができそうな説がさまざまにあるからだ。

そしてこの謎の王朝は、最後も謎につつまれる。

書紀は継体の死を「辛亥年《しんがい》」とする。六〇年周期のエトで記したこの年に該当するのは五三一年。ただ書紀はこの注記として「『百済本記』に辛亥年三月に倭国の天皇と太子の皇子がともに死んだとあるので辛亥年にした」とことわっていて、奇妙なことに、またその死を「甲寅年《こういん》とする説もある」とわざわざ追記している。太子の皇子もともに死んだ、甲寅年（五三四年）説もあるだのと混乱させるばかりだ。

「太子の皇子」つまり継体の皇太子は安閑だが、書紀ではその安閑即位を甲寅年としている。五三四年だ。書紀本文の記述では継体没の五三一年から安閑即位の五三四年まで大王位が空位だったことになる。

この空位問題やあいまいで両論併記的な書きぶりなどから、歴史学者・喜田貞吉、林屋辰三郎が「継体・欽明朝の内乱」説をたて、多くの古代史学者がこれに類する説を唱えている。「継体没（自然死）後、欽明が安閑を放逐して即位。追われた安閑がべつの王朝をたてた」という二朝並立説が多いが、井上光貞は安閑放逐・欽明即位は認めるものの、「その後、大伴との〝協定〟がなって欽明は一時退いて安閑・宣化がたち、老齢な二人が短命朝で終えて欽明が再度即位した」とする。また、山尾幸久、安土城考古博物館・大橋信弥らは「欽明が継体・安閑をクーデターで倒して死にいたらしめ、即位した」とのクーデター説を唱えている。

いずれにしろ継体後ないし継体を巻きこんでの対立があったわけだが、その原因は「磐井の乱をめぐる宮廷内の確執と百済に加耶四郡を『割譲した』とされる継体朝の半島政策への不満」とされる。だがはたして、政策論争だけで王家の親兄弟同士で放逐したり、殺しあったりするだろうか。宮廷内での内乱は王位継承争いとそれにつらなる有力氏族たちの対立というのが通例だ。基本は王位つまり王統をめぐる対立で、それに政策論争がからめられた、そうするのが古代史的常識にちかい。

安閑・宣化は継体が即位する前の尾張媛との子だ。かたや欽明は継体を大王として迎えた正后・手白香の子である。つまり地方豪族の女が産んだ庶子と、大和の伝統的王統を継ぐ皇女が産んだ嫡子という、王統にとっての格のちがい。大橋信弥は安閑らもふくむ継体王朝と欽明王朝との「断絶」を指摘している。その背景には、年長の庶子と年若い嫡子、双方を支持する氏族の対立意識があったことは想像に難くない。

欽明のころに代々の大王の系譜である「帝紀」が編纂《へんさん》されている。堺女子短期大学学長・塚口義信は、その「帝紀」には「聖帝・仁徳にはじまり、君子・仁賢を経て手白香皇女の子の欽明に至る王統を王権の正統とみなすイデオロギー」が色濃くもちこまれていたという（『大和王権の謎をとく』）。つまり

欽明大王陵とされる丸山古墳＝奈良県橿原市

これが欽明期の王統への考え方であり、そこには大王であった父・継体ではなく、母・手白香皇女（手白髪命）が王統をつないだという意識が厳然として存在している。

「帝紀」が編纂されたという欽明期の王統思想は、記紀の記述の流れにも明確に反映されている。

「日続《ひつぎ》知らす（王統をつぐ）べき王《みこ》無かりき」（古事記）という王統の危機に、「ヲホド命（継体）を上りまさしめ」、「ヲケ天皇（仁賢）の御子、手白髪命」「に合わして」（同）、「遂に一《ひとり》の男を生ましめたり」（書紀・傍点筆者）。「上りまさしめ」て「遂に」王統を維持できた。危機感と安堵感をそこに感じることができる。

垂仁－推古までの書紀（読み下し文）を読んでいておもしろいことに気づいた。皇子・皇女誕生を「遂に」と表現しているのは、この欽明が生まれたときと、手白香が武烈とともに仁賢の皇子・皇女として生まれたときだけで、それ以外は皆無であることだ。そのあいだの、ヲホド王が近江で生まれたことも皇子でもないのに「遂に」としているが、これは前後とのつじつまあわせだろう。めずらしい「遂に」という表現は、王統の危機のなかでの、手白香―欽明の位置づけをよくあらわしているように思う。

「それまでの王統と関係がなかった」という和田萃のみならず、山尾幸久が「琵琶湖を拠点にした豪族」、國學院大学教授・岡田精司が「王朝の出とはちがう卑しい地方豪族の出身」とする継体。これにたいし旧「河内王朝」から仁賢にひきつがれた大和王権の王統を体現する皇女・手白香と嫡子・欽明。

この「断絶」の反映か、継体陵（今城塚古墳）が大和や河内からはなれて彼の故地・北摂津にポツンとあるのにたいし、宮内庁指定の手白香陵、および考古学的に手白香陵墓と比定される西山塚古墳は、いずれも大和盆地東南部、古い時期の古墳がならぶ大和《おおやまと》古墳群のなかに造られている。大和東南部はヤマト王権発祥の地、ヤマトトトヒモモソヒメの箸墓、崇神陵、景行陵がいならぶ聖域で、後期「河内王朝」の王宮があったところでもある。

大王陵は后の出自氏族の故地に造られることが多いとされる。だが、「王統の故地」である大和古墳群に手白香の墓はあるが継体の墓はない。そこに手白香―欽明朝こそ正統王統という当時の意識が感じられる。そして、欽明の王統意識のこれまた反映か、正后と妃には仁賢系の姉妹が

おおやまと古墳群の崇神天皇陵一帯。手白香陵もすぐちかくだ＝奈良県桜井市

迎えられている。

こまかなことだが、欽明朝は古墳石室の築造を高麗尺に統一し、尺単位で規格化した（和田晴吾）。この王朝による古墳の大小の序列規制での最大規格はもちろん大王陵だが、欽明朝の厳格な王統意識がここにもあらわれている。欽明のころ「帝紀」が編纂されたというのも、同じ意識によるのだろう。

もうひとつ。宮廷氏族の大連・大伴氏と新興の蘇我稲目《いなめ》との勢力争いがこの時期に起こったという見方も強い。書紀によれば、大連・大伴金村が「継体・欽明内乱」説で原因にあげられている任那四郡割譲の責任を追及されて失脚するのが欽明即位の年だ。欽明即位年は安閑・宣化朝があったかどうかでかわってくるが、古代史学者の多くが支持する内乱説や「二朝妥協」の井上説もふくめ、継体没後の大伴は急速に求心力をなくしていく。欽明朝では蘇我稲目が大臣《おおおみ》となり、稲目の娘が欽明のもうひとりの妃になっている。

継体朝から欽明朝への交代がこの数年間のどの時期であったにせよ、継体王朝の終焉《しゅうえん》と大伴氏の失脚が、阿蘇ピンク石棺がとだえる時期とほぼ軌を一にしていることはたしかだ。

なぜ阿蘇ピンク石は消えたか

歴史のなかにあらわれるものが、歴史のなかに消えていくのはしかたない。それは運命というものだろう。しかし、出現のときと同様、消えるときの理由が知りたい。九万年前の不思議な赤い石。それが「大王家のひつぎ」となった時間はみじかい。なぜ消えるのだろう。

阿蘇ピンク石棺は、継体王朝成立の少し前に畿内中枢にはいり、継体王朝後にとだえる。この間わずか半世紀たらず、ひと世代くらいで終わっている。

古代のそれぞれの王統や系列氏族には、もちいる石棺の形や石材に伝統性があったことを間壁忠彦や和田晴吾が指摘している。

「河内王朝」の石棺石材を、間壁は兵庫・加古川下流域産の黒灰色の竜山石とする。この王朝の各大王には葛城《かつらぎ》氏系の后妃がはいり、つぎの大王の母ともなっている。その葛城氏の本拠地の奈良盆地西部には阿蘇石石棺はなく、あるのは竜山石石棺だ（七八ページ図8）。

「河内王朝」の王統は後半ふたつの系統にわかれる。履中系と允恭系だ。仁徳の后の葛城・磐之媛を母とした履中－反正兄弟のあと、ふたりの「弟」とされる允恭になるが、「反正と允恭と

百舌古墳群（堺市）にある履中天皇陵＝前方部東角から後円部方向

の連続性は弱い」（大阪市立大学名誉教授・直木孝次郎）とされる。反正らの弟ではなく、つまり磐之媛とも葛城とも縁がないべつの王統とする見方がある。允恭の后が「河内王朝」では異色の息長系とされる忍坂媛であるのが、それをあらわしているかもしれない。

古代史学者の松下煌は、百舌《もず》古墳群に陵墓が比定されている大王は仁徳、履中、反正の三人で、古市古墳群に比定陵墓がある大王は、応神、允恭、雄略、清寧であることに注目、「応神は措くとして、仁徳に始まる王統と、允恭に始まる王統が、基本的に別系統であることを思わせる」（『古代の日本と渡来の文化』所収）と陵墓の場所に王統のちがいを見いだし、履中系と允恭系の対立というより、仁徳－履中系と允恭系の対立としている。

同じ「河内王朝」でもそれまでの王統が変化した允恭のときに、九州の石棺がその近臣の古墳に出現することは、このふたつの王統の性格をあらわしているようで興味深い。

さらに、允恭は葛城氏を誅し、允恭の子・雄略はときの葛城氏の族長を反対派をかくまったかどで殺してしまう。これは、「すべて允恭大王系が反葛城氏の王統であったことをあらわす」（松下）行為であると解釈できる。

だがその允恭系が清寧で絶えると、履中と葛城の媛との子である飯豊皇女《いいとよのひめみこ》が摂政となり、履中の孫の顕宗・仁賢兄弟につないでいく。

ここで履中系王統と葛城氏の関係に焦点をあてたのは、龍谷大学非常勤講師・水谷千秋がこう書いているからだ。「葛城は雄略後もまだ勢力を保っていて、継体の反対勢力だった。継体を擁立した諸豪族の連合の実態は、葛城系勢力に対抗する非葛城連合とでもいったようなものだった」（『継体大王とその時代』所収）。

そうだとすると、葛城と強くつながってきた履中系の王族たちも「非継体」であった可能性がたかい。継体が即位後も長く大和にはいれなかったのは、大和にいた反対勢力のためといわれる。大和の旧宮廷勢力＝履中系と葛城氏がその反対勢力の主力として推定できるだろう。そしてこれが、継体後の動向への伏線となっていくことに注目すべきだろう。

さてここで語るべきは、継体後の阿蘇ピンク石棺の命運のことだ。

重要なのは、①欽明の母・手白香皇女が「河内王朝」最後の賢帝である（武烈は実在性がうすい）仁賢を父とする履中系正統であったこと、②「いま絶えて継嗣なし」（書紀）の王統をつなぐため手白香皇女に王族外から継体を「上りまさしめ」「合わして」「遂に」嫡子・欽明「を生ましめた」こと、③そして欽明陵・丸山古墳（橿原市）には竜山石石棺がはいっていること——だ。

ちなみに丸山古墳を、蘇我稲目の墓ではないかとする見方も一部にある。だが欽明にひきたてられて新しい王統氏族となった蘇我氏が欽明朝の石棺（石材）以外のものを採用するはずがないから、稲目の墓であっても欽明朝が竜山石石棺を「大王家のひつぎ」としたことの証左にかわりはない。考古学者、古代史学者の多くが丸山古墳を欽明陵としているので、それにしたがう。

つづけよう。前節にも書いたが、塚口義信がいう「聖帝・仁徳にはじまり、君子・仁賢をへて手白香皇女の子の欽明にいたる王統を王権の正統とみなすイデオロギー」が欽明朝には明確にあった。つまり欽明朝の王統意識のなかに「継体」はない。

ここから「なぜ阿蘇ピンク石棺が継体で消えたか」への推論がみちびきだせる。

継体前の王権の混乱や継体擁立の意図、そして内乱説もいわれる継体後の動向をみれば、もともと継体大王そのものが前後の王朝のあいだで「特異な存在」であることがわかる。

私も継体の出自をたずねて近江や越前にいったが、その父や母、一族たちの様子がルポできるような大王は継体のほかにはいない。しかも王統の地・大和ではなく、遠くはなれた「地方」でだ。じつに異色で〝庶民的な〟大王といえる。

継体は手白香に入り婿して大王位についたものの、旧宮廷派、葛城、物部氏らの反対勢力がいたため長いあいだ（書紀では二〇年間）大和へはいらなかったとされる。葛城とつながりが強かった履中系の仁賢皇女である手白香は、夫をたすけて反対勢力とつなぐ立場にいたはずなのに、なにをしていたのだろう。一説には継体が摂津あたりの経営にいそがしかったためともいわれるが、いずれにしろそのあいだ、王統の地・大和の后宮にわが子・欽明をかこいこみ、「地方出」の継体より「高貴な」仁賢をたっとぶ王統教育にいそしんでいたのではないかなどと、あらぬ想像さえ浮かぶ。

　このような欽明の王統意識が、継体や地方豪族の娘の子である安閑・宣化との「断絶」「対立」「内乱」の下地になった可能性は十分だ。旧宮廷派がチャンス到来とばかり、新興豪族・蘇我氏と組んで息をふきかえす。四郡割譲問題で大伴金村を糾弾して引退に追いこむ役割をはたしたのは、継体擁立に反対し、途中で寝返っていたといわれる物部氏の族長・尾輿《をこし》だった。また、のちの推古紀の記述でもわかるように、蘇我氏はもともと葛城系の氏族でもある。

　継体王朝から欽明王朝への交代。石棺の交代も、阿蘇ピンク石棺が登場したときの間壁忠彦の「竜山石の河内王朝がかたむいて新王朝が出現するとき、ちがうタイプのもので新王朝を表現した」と同じ解釈をすればよい。ただし、継体朝では全国に台頭した地方豪族の息吹とエネルギー

今城塚古墳に日がおちる

を王権に注ぎこむ「火の赤い石」だったが、欽明朝では大和の伝統的王朝を復活させる「竜山の黒灰石」であった。

「新しい」継体朝のシンボルだった阿蘇ピンク石棺はこうして消え、大和の「純正王統」継承をめざす欽明朝で竜山石棺が復古する。逆にいえば、継体王朝の特異性を、この王朝の胎動とともに出現し、終焉とともに消える阿蘇ピンク石棺が証明している。そういえるだろう。

五世紀末から六世紀前半の、継体大王とそれをささえたわずか一二人が眠る阿蘇ピンク石棺。それが継体王朝を象徴する石棺であっただけならば、謎の継体王朝と興亡をともにした石棺ということで終わる。

しかし、それから約六〇年がすぎたときに突然、推古初陵の植山古墳に、しかも一基だけあらわれる。謎の王朝は消えても、阿蘇ピンク石棺は消えなかったのである。

それがこの石棺の謎をますます深めさせることになる。

飛鳥宮廷戦争

薬師寺の伎楽

聖徳太子と礼拝石

阿蘇ピンク石棺の謎を追ってゆくと、よく不思議なものにであう。

大阪のまんなかに、あざやかな朱の柱に彩られた四天王寺の大伽藍《がらん》がある。飛鳥時代、推古女帝即位の年に聖徳太子が建立した一四〇〇年余の歴史をもつ寺だ。

講堂や五重塔などの建物が南北に一直線にならび、「四天王寺式」として有名な百済伝来の伽藍配置。その中心線上の南大門のすぐ下で、「不思議なもの」は初冬の日ざしを浴びていた。

風化して苔むした、ちょうどタタミ一畳ほどの一枚の板石。古代のいつの時期かに海を渡ってきた、阿蘇ピンク石だ。いまは白い御影石の石柱にかこまれ、そばの標柱に「熊野権現礼拝石《らいはいせき》」とある。

そこから南大門をとおして大阪の街なみが見とおせ、南のかなたが熊野だ。大阪の人が熊野詣でにいくとき、まずここから熊野権現のほうを礼拝して熊野古道へ旅たつのだという。それを説明してくれた本坊事務所の人にこの石のことをたずねたが、「へえー九州の石ですか。阿蘇のねえ……」というばかり。お寺でもこの石の来歴はわかっていない。

聖徳太子の寺の正面に鎮座する阿蘇ピンク石。どうしてこれがここにあるのだろう。

飛鳥への、阿蘇ピンク石の道のりもまた謎に満ちている。

聖徳太子建立の四天王寺・南大門前に埋もれていた阿蘇ピンク石

阿蘇ピンク石棺はまるで謎の継体王朝により添うように、きわめて短期間だけ登場して消える。そして継体王朝から約六〇年後。推古女帝が夭折《ようせつ》した嫡子・竹田皇子のために造り、のちに合葬された推古初陵・植山古墳（奈良県橿原市）にとつぜん出現する。

かつてそれが「大王家のひつぎ」となったときと同じように、大王家、王族と蘇我氏のあいだで繰りひろげられる政争。国際情勢の激動に揺れうごく飛鳥時代初期の動乱のとき。そのなかで、推古女帝が九州とどういうつながりをもったか、「日出る国」の摂政・聖徳太子がこの阿蘇ピンク石棺復活にどうかかわったのか。

日本書紀の推古元（五九三）年に「四天王寺を難波の荒陵《あらはか》に造る」としるされている。建立当時の土地の名が荒陵。これからすると、盗掘されるなどして荒れはてた古墳群が一帯にあったようだ。そういえばこの板石は石棺の底くらいの形や大きさに見える。寺の建立時につぶすなどした古墳にあった壊れた石棺を、ねんごろにとりおいて礼拝石としたものだろうか。しかし現代の文化財調査でこの古墳群は阿蘇ピンク石が畿内にはいる五世紀末以前の時代のものと判明している。この説は却下だ。

石は一九六〇年代の文化財保護委員会による四天王寺総合調査のときに発見された。当時は、南大門跡のすぐ北側に「熊野権現礼拝石」の石柱と江戸時代の石灯籠があるだけだった。調査団南大門班がその石灯籠の下を掘ったところ、地下約一五センチのところに「全面赤紫色を帯びた」板石、つまり礼拝石がでてきた。大きさは長さ一八八センチ、幅九〇センチ、厚さ三〇センチほど。

まわりの発掘で、飛鳥時代や奈良時代の古い瓦をしいた古参道を掘りこんで敷設されていることがわかった。九六〇年に伽藍が焼失して古参道はその直後のものだから、礼拝石がここに敷設されたのはそのあとのことになる。敷設の状況や熊野信仰の流行時などから、それは平安末期以降と推定された。

ただそのころには、原産地である熊本・宇土《うと》でもピンク石のことは忘れさられていて、難波《なにわ》にそれを送ることは不可能だ。中世も同様だろう。江戸時代になると細川藩の御用石として再発見される。御用石だから藩命のほかは藩外に持ちだせないが、藩が献納したのであればもっと立派な石造物にするはずだ。黒田藩主は藩内の石をおおきな鳥居にしたてて日光東照宮まで運んでいる。板石一枚では細川藩の威光に逆効果。だから平安—近世に九州から運ばれた可能性はほとんどなく、古参道敷設の時期以前の古代に九州から渡ってきていたことはまちがいないだろう。

古墳—飛鳥時代に畿内に運ばれた阿蘇ピンク石が四天王寺に伝わっていて熊野信仰にちなんで礼拝石とされたか、あるいは大阪近辺にあった古代のものが、そのころに「めずらしい石」として四天王寺に持ちこまれて礼拝石にされたのかのどちらかだろう。

それ以上はなにもわからない。わからないが、それが「聖徳太子の寺」にあることになにかの意味があるのではないかと思いたい。

この不思議な石を起点として、阿蘇ピンク石の謎を探る飛鳥への旅にでかけよう。

推古陵の赤い石棺

たたなづく青垣山隠れる倭しうるはし

つらなる垣根のように、青々とした山につつまれた美しい大和の国原――古事記にヤマトタケルの作と伝えられている歌だ。

うるわしの大和・飛鳥。北に耳成《みみなり》山、東に天香具《あまのかぐ》山、そして西に畝傍《うねび》山。その三山にかこまれたところに、日本で最初の都《みやこ》である藤原京がひろがっていた。

初冬の朝。飛鳥の南側、住宅団地に分断されてわずかにのこる丘から、大和三山と藤原京跡を見わたす。冬枯れの景色は少し寂しいが、盆地の朝もやのなかで京跡をくねる飛鳥川の水面《みなも》が銀色に光り、かすかに大極殿跡の林が見える。

藤原京を見おろすこの南側の丘陵地帯には、飛鳥の王族たちの古墳が点在する。なかでも藤原京の中軸線、朱雀大路《すざくおおじ》の延長線上には、北から菖蒲池古墳、天武・持統天皇陵、高松塚古墳、文武天皇陵がほぼ一直線にならぶ。そこは飛鳥王朝の聖域だ。その一角の菖蒲池古墳の西、丸山古墳とのあいだに植山古墳（奈良県橿原市）はある。二〇〇〇年の夏、濱口和弘ら橿原市教育委員会のスタッフが、畝傍山をながめながら、この古墳の発掘をつづけていた。

植山古墳は方墳（四角形の古墳）で石室がふたつあった。双室墳といい、推古朝前後にかぎられる特異な王族墓のスタイルだ。ひとつの石室への合葬ではなく石室が二つあるのは、それぞれの被葬者の身分が高いということだ。

まず東側の石室を掘ってみると、そこからおおきな阿蘇ピンク石棺がでてきて濱口らを驚かせた。その二年前、継体大王陵の今城塚古墳（大阪府高槻市）から阿蘇ピンクの石棺片がでていたが、それ以外、阿蘇ピンク石のことは研究者にもあまり知られていなかった。

「飛鳥になぜ、九州の石があるのだろう」。石室内には排水溝に落ちた小さな残欠以外にほとんど遺物はなく、濱口のこの疑問を解く手がかりはつかめない。

西側の石室も掘りすすめた。たとえ盗掘をうけていても、石棺はもちろん、副葬品の破片や、盗掘人にとっては価値がさほどない土器がのこされている。それが東の石室の謎を解いてくれるはずだ。だが西石室も、割れた祭祀土器が少しあっただけで副葬品ののこりもない。不思議なことに棺のかけらもない。〝もぬけの殻〟といってもいい石室だった。

ふたつの石室の造り方やわずかな土器で、まず東石室が六世紀末ごろ造られ、そのあと七世紀前半に西石室が造られたことがわかった。

そういえば東石室の阿蘇ピンク石棺は、ただ副葬品を取りだすために少し蓋《ふた》をずらしただけではなく、おおきく開けてそのためにずり落ちたようにみえる。少人数での人目を避ける盗掘にそんな労力はかけない。ちいさなすき間をあけて金銀玉類をかすめ取り、あちこちに残がいをのこ

竹田皇子が葬られたピンク石棺が残る東石室（橿原市教育委員会）

していく。だが植山の石室は、両方とも事後にきちんと清掃されたようにきれいなものだった。

考えられるのは、いったん葬られた遺体や副葬品が丁重にどこかに運びだされたということだ。しかもふたりとも。

運びだされたふたりの被葬者はだれか――。濱口は京都教育大学教授・和田萃《あつむ》が「推古帝と竹田皇子の墓かもしれないよ」といっていたのを思いだした。

書紀・推古天皇三六（六二八）年。数年来の天候不順でききんがひろがっていたこの年の三月初旬、皆既日食があり黒い太陽が大和に不吉の兆しを知らせた。ほどなくして推古女帝は没し、つぎの言葉をのこす。

「このところ五穀実らず百姓《おみたから》が飢えている。朕《ちん》がために陵《みささぎ》を造って厚く葬ることなく、

推古が葬られのちに移された西石室（橿原市教育委員会）

竹田皇子の陵に葬るべし」

古事記・推古記には「御陵は大野の岡の上にありしを、のちに科長《しなが》（現・大阪府太子町）の大き陵に遷《うつ》しき」とある。いま科長にある宮内庁指定の推古陵には、「石棺二ヲ安（置）ス、右ハ推古天皇、左ハ竹田皇子ナリ」（江戸時代の『諸陵説』）という見分記録ものこされている。文献からは、推古は「大野の岡」にあった竹田皇子陵に合葬され、のちにふたりとも移葬されたことがうかがえる。

そして植山古墳がある場所こそ「大野の岡」なのだ。和田はこれに着目し、植山古墳が推古・竹田合葬陵ではないかと期待していた。発掘でわかった西石室の時期は推古の没年とあう。竹田皇子の没年ははっきりしないが、書紀の記述から六世紀末ごろと推測されていた。これも東石室の時期とあった。

古墳の場所、石室がふたつあることと各石室内の状況、時期。記紀の記述と推古、竹田皇子の没年。考古学的事実と文献での考証が合致して、植山古墳が推古初陵と定められた。

だが東石室の竹田皇子の石棺が、なぜ阿蘇ピンク石で造られていたのか。

対物部戦争——竹田、聖徳戦列に

「七星剣」と名づけられた剣がある。剣身に、北斗七星、飛雲、竜といった飛鳥時代に王朝で流行したデザインが金銀象嵌《ぞうがん》され、いまでも光を放っている（グラビア参照）。

聖徳太子の剣だ。太子建立の四天王寺には国宝の「七星剣」をふくめ、太子の剣が二振り。太子が物部《もののべ》討伐戦争のときに使ったという鏑矢《かぶらや》ものこされている。

この聖徳太子の遺宝に象徴されるように、華やかな飛鳥の宮廷は剣によって血塗られた政変劇の舞台でもあった。「和をもって貴《とおと》しとなす」を十七条憲法の柱とした太子も、青年時代にはこの王朝での内戦に剣をふるった。

五八七年の物部討伐戦争のことを書紀は伝えている。

「秋七月、蘇我馬子大臣《そがのうまこのおおおみ》、諸皇子たちと群臣に勧めて物部守屋大連《おおむらじ》を滅ぼすことを謀る。泊瀬《はつせ》部皇子《べのみこ》（崇峻《すしゅん》大王）、竹田皇子、厩戸《うまやと》皇子（のちの聖徳太子）……もろともに軍を率いて、進みて大連（守屋）を討つ」

継体大王嫡子である欽明の即位の年、物部氏と連携して大伴氏を追い落として約五〇年。その物部本家を同族の皇子たちによって攻め滅ぼし、蘇我氏が完全に王朝を掌握することになる。

その間の王朝と蘇我氏の動向をみてみよう。

欽明朝成立後、蘇我稲目《いなめ》は三人の娘のうち二人を欽明の妃にしている。欽明のつぎに、欽明の子で蘇我氏とは血縁がない敏達が即位。稲目のあとを継いだ馬子は、欽明と稲目の娘との子で自分の姪にあたる炊屋姫《かしきやひめ》（額田部皇女《ぬかたべのひめみこ》、のちの推古女帝）を敏達妃に入れ、正后が亡くなったのを機に后《きさき》にたてる。

王権は蘇我氏の女性によって包囲され、やがて敏達のあとに、欽明と稲目の娘との子・用明が大王となる。蘇我直系の最初の大王で、炊屋姫には兄、馬子にとっては甥だ。念の入ったことに用明后にも蘇我氏系の皇女がなり、そのあいだに厩戸皇子が生まれる。

蘇我氏は、物部氏を筆頭とする宮廷の勢力争いで優位にたつため「婚姻政策」とともに、渡来系氏族とむすぶ。蘇我氏が仏教導入をはかったのも、その新興勢力を味方にして物部を追い落とすためでもあっただろう。

五世紀以来、大和王権の戦いの先頭にたち、戦勝をヤマトの神々に祈ってきた伝統的武人氏族・物部氏にとっては、そうした蘇我氏と新興勢力、そして外来の仏教は、みずからの地位を危うくするものだ。

■図14　飛鳥天皇系図

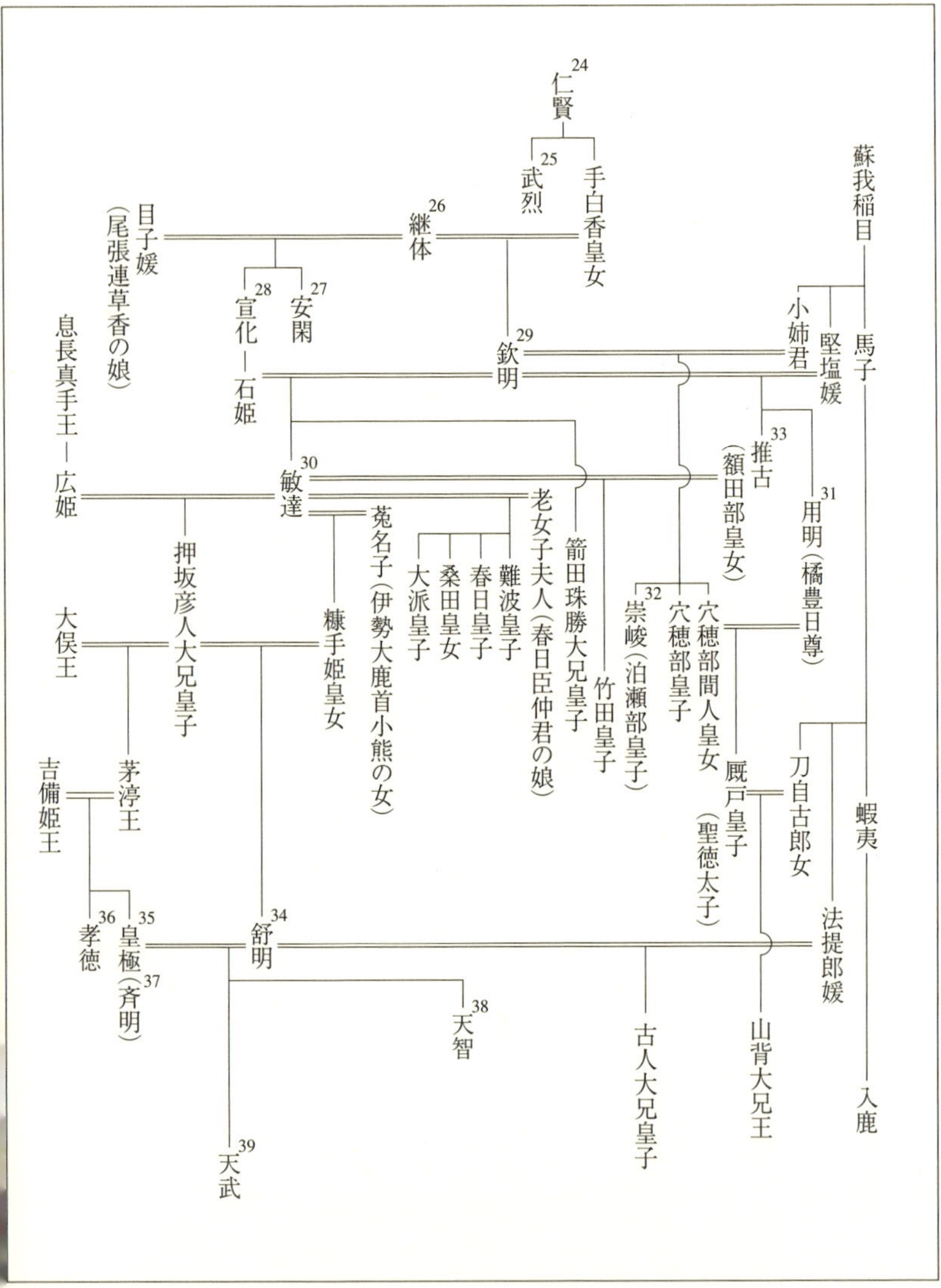

＊数字は『日本書紀』による歴代数

その対立が頂点にたっしたのが五八七年だ。

その年の四月、病《やまい》（天然痘？）におかされた用明が「仏教に帰依したいがどうか」と朝議にかける。守屋は「国神《くにつかみ》に背く」と反対し、馬子は「お言葉にしたがう」と賛成する。

四月のうちに用明が没し、王位継承問題をめぐって対立は決定的となる。

蘇我系の継承資格者に、用明、炊屋姫（推古）とは腹ちがいのもうひとりの稲目の娘と欽明の子である兄の穴穂部《あなほべ》、弟の泊瀬部《はつせべ》両皇子がいた。それにもうひとり、非蘇我氏系の最有力者として敏達と息長《おきなが》氏系の亡き后の嫡子・彦人大兄《ひこひとのおおえの》皇子がいた。とうぜん、守屋は彦人大兄皇子につくものとみられた。

だが五月。守屋は、蘇我氏系ではあるが王位を望む動きをみせた穴穂部につき、軍をあつめて気勢をあげる。

六月。馬子と敏達大后・炊屋姫が組んで穴穂部とそれを支持する皇子を殺してしまった。

そして七月。馬子と炊屋姫は泊瀬部皇子を後継におし立て、竹田以下の皇子たちを軍列につらねて物部討伐戦争の勝負にでた。これで守屋の物部本家は壊滅する。

この間の彦人大兄皇子の動静はよくわかっていない。穴穂部を失った守屋にかつがれて物部本家と運命をともにしたのか、それとも争いに巻きこまれるのを避け、中立的立場をとっていたのか。いずれにしろ、彦人皇子のその後の消息は文献にしるされていない。

もうひとり、物部討伐戦争後の消息がつかめない皇子がいる。軍列の二番目にいた竹田皇子だ。

蘇我馬子の墓・石舞台古墳＝明日香村

炊屋姫と敏達大王の嫡男で蘇我系で最有力の王位継承候補者。炊屋姫つまりのちの推古女帝が寵愛《ちょうあい》してやまなかったとされる皇子だ。

書紀にしるす軍列の順序はそのまま大王家での高位順だ。先頭は泊瀬部、二番目に竹田、三番目が厩戸。つまり後継大王・泊瀬部のつぎの王位継承者が竹田皇子だった。当時、竹田皇子の年齢は一五歳、厩戸は一四歳くらいだった。

馬子と炊屋姫は、「将来の大王」と定めたこの皇子が成人するまでのつなぎとして、泊瀬部をあてたといわれる。

だが、のちの聖徳太子のはなばなしい活躍にたいし、竹田皇子の記録はまったくのこされていない。

約一四〇〇年前、歴史の舞台からとつぜん消えてしまった若き王位継承者。その彼が西暦二〇〇〇年、阿蘇ピンク石棺の被葬者として歴史のかなたからよみがえり、さらなる謎をつきつける。

王位継承者の死

早世した王位継承者――竹田皇子はそうよばれる。大和三山にかこまれた国のまほろば飛鳥。だが歴史のドラマはうるわしいものばかりではない。

蘇我・物部の主導権争い、王位継承をめぐる宮廷内の確執、大王と蘇我氏の対立。そのいずれもが、剣による血なまぐさい暗殺と討伐戦によって決せられている。

皇子たちが軍列の先頭にたった物部討伐戦争、蘇我氏に抗した崇峻大王の暗殺……。それを主導したのが、蘇我馬子と敏達太后としての炊屋姫（推古）だ。

竹田皇子が成人するまでの「つなぎ」の意味で擁立した崇峻だったが、思わぬ反抗をうけ、暗殺してしまう。崇峻五（五九二）年のことだ。

だがこのとき、推古女帝がつぎの大王にと願っていた最愛の嫡子・竹田皇子はすでに亡くなっていた。

竹田皇子が登場する書紀・用明二（五八七）年の記述がある。

「中臣勝海連《なかとみのかつみのむらじ》……、太子彦人皇子の像と竹田皇子の像とを作りてまじなう」

用明の病死後、崇峻擁立にいたるまでの後継争いの記事だ。

物部守屋にくみしてべつの皇子を立てようとしていた勝海連が、邪魔になる王位継承最有力の彦人、竹田両皇子の人形を作り、のろい殺そうとしたわけだ。

彦人は非蘇我系だが、太子すなわちいまの皇太子だ。竹田は蘇我系だが、まだ十五歳くらい。幼くしてのろいをうけるのは、いかにこの皇子が将来を約束されていたかをしめしている。

堺女子短期大学学長・塚口義信は、「炊屋姫や馬子が次期候補者として擁立していたのは、竹田皇子以外には考えられない。このころ、皇位継承という点では聖徳太子は竹田皇子にはおよばなかった」（『ヤマト王権の謎をとく』）とする。まさに蘇我直系の用明大王をなくした推古、馬子の、〝希望の星〟だった。

これは物部討伐戦争前の記事だから、彦人も竹田ものろい殺されたわけではなさそうだ。だが、のろいの対象となったふたりがそろって討伐戦後に消息がわからなくなるのはなぜだろうか。奇妙である。

和田萃は、「竹田皇子は戦列にたった物部討伐戦争での戦傷かなにかで戦後は表舞台に登場できなくなり、いつの日にか亡くなったのではないか」とみているが、立命館大学名誉教授・山尾幸久は、彦人皇子は「討伐戦のとき守屋邸にいて殺された」、竹田は「馬子によって不自然な形で」消えていくとする。だとすれば、いずれも飛鳥宮廷戦争の犠牲になったことになる。

彦人のことはおいておくとして、夫・敏達の嫡子として王位を継いでくれるはずの竹田の死は、推古におおきな衝撃をあたえたはずだ。

その悲しみが、竹田・推古合葬陵、植山古墳の墳丘《ふんきゅう》に反映している。発掘による植山古墳の墳丘調査で、築造（六世紀末）当初、竹田が葬られた東石室は墳丘の東側にかたよって造られ、墳丘の西半分は「空地」となっていたことがわかった。そこに将来のもうひとつの石室造営が想定されていた。

この築造時の古墳の構造は、推古が自分が死んだときにその横に葬られるために最初からそのように造らせたのであろうことはまちがいない。竹田陵造営を指揮する権力があり、敏達皇子の竹田と同じ古墳に葬られてもおかしくない王族は、敏達太后・推古しかいない。推古自身が命じる以外に、ほかのだれかがまだ三〇代前半の彼女の死を「予定」するようなことはできなかっただろう。

書紀には、後年、推古女帝が亡くなるときに「民の苦しみ」を理由に合葬をいいのこしたと書かれているが、竹田陵築造時の構造をみれば、すでにこのときから皇子の横に葬られることを望んでいたことになる。それだけ最愛の皇子・竹田を失った推古の悲しみが深かったということだ。古事記にこの推古陵を「のちに科長に遷す」とあるように、敏達から聖徳太子にいたるこの時期の陵墓は磯長《しなが》谷（大阪府太子町）にある。敏達は、物部討伐戦争などの政局の混乱のためか、死から五年以上たった五九一年に、その母の陵墓に追葬された。

だが、夫の大王陵さえままならない状況のときに、推古は竹田陵を造り、さらにわざわざ遠い九州から阿蘇ピンク石棺を皇子のために運ばせている。

なぜだろうか。

植山古墳の西に、推古の父・欽明大王の陵墓とされる丸山古墳がある。この古墳の石棺は竜山《たつやま》石《いし》（兵庫産）だ。穴穂部皇子陵とも推測される藤ノ木古墳も竜山石棺。いっぽう飛鳥の北西、奈良県広陵町に植山古墳と同じ六世紀末に造られた古墳がある。これはあの彦人大兄皇子の陵墓として有力な牧野《ばくや》古墳だが、ここの石棺も竜山石。崇峻陵とみられる赤坂天王山古墳は二上山ピンク（奈良・大阪県境）石棺だ。馬子に刃向かって殺され、その日のうちに埋葬されたという異例の崇峻だが、この時代の「大王家のひつぎ」は竜山、二上山石棺だった。

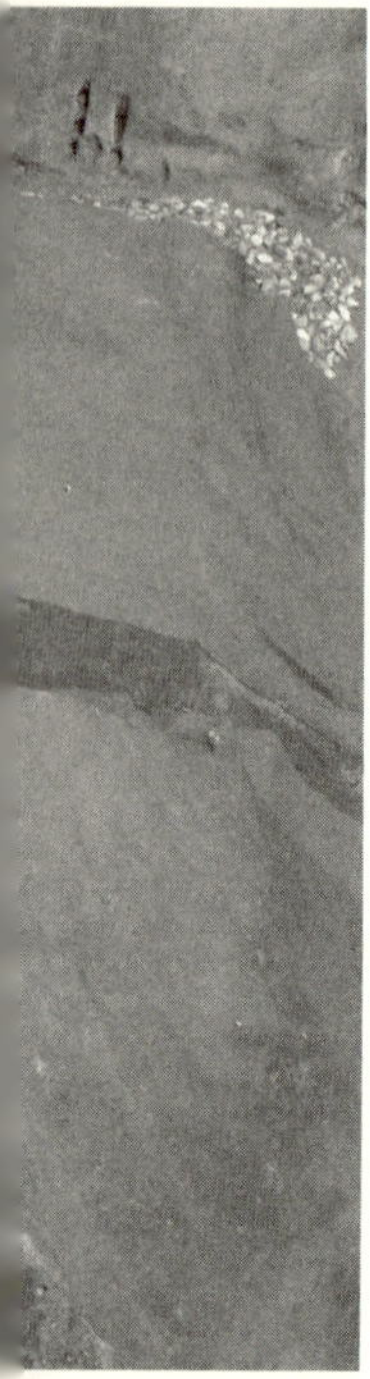

そんな時代で唯一の、竹田皇子の阿蘇ピンク石棺――。植山古墳を発掘した濱口和弘にも理由はよくわからない。立命館大学教授・和田晴吾は「継体擁立時の九州勢力との関係を考えれば継体と

寄りそうようにならぶ植山古墳のふたつの石室。左が推古，右が竹田（橿原市教育委員会）

阿蘇ピンク石の接点はどうにか理解できる。しかし竜山石や二上山石の石棺の時代である飛鳥初期に、なぜ植山古墳に阿蘇ピンク石棺がはいるのか。それが説明ができない」という。

その謎を解く重要な手がかりは、古墳そのものが推古の意向を強く反映して造られたのであれば、阿蘇ピンク石棺採用も、推古のなんらかの気持ちのあらわれだろうということだ。

推古も竹田も蘇我氏の出である。蘇我氏一族としては王統氏族となった欽明朝以来の竜山石石棺をとるべきで、継体時代のあととだえていた阿蘇ピンク石をあえて採用する必然性はなにもない。

では蘇我一族としてではなく、推古または竹田その人に、九州とのあらたな接点と阿蘇ピンクを採用する理由があったのだろうか。

那の津おさえた火君

「日出るところの天子　書を日没するところの天子に致す……」

六〇七年、遣隋使・小野妹子は聖徳太子のこの国書を持って筑紫の那の津から隋に向かった。九か月後、那の津に帰ってきたときには、隋皇帝の答礼使・裴世清《はいせいせい》一行をともなっていた。

那の津は、いまの博多だ。隋の裴世清一行は、難波に迎賓館を建てるあいだの約二か月、ここに滞在している。そのときこの使節たちを接遇したと思われる施設が、近年見つかった。JR博多駅（福岡市博多区）の南、春住小学校西側の大通りぞいに二〇〇一年夏に国史跡に指定された「比恵遺跡」の看板が立つ。

那津官家《なのつのみやけ》跡だ。

駅南の市街地に点々とする調査区のひとつで、横三本ひと組の柱列を一定間隔でつらねるという特徴的な構造の塀跡が並列して確認され、その区域のなかに倉庫群の柱跡が整然とならんでいた。べつの調査区では、これも立派な造りの回廊跡がでてきた。その回廊両端から三本柱列の塀

那津官家跡・比恵遺跡の発掘状況（福岡市教育委員会）

跡がのびていて、回廊のなかに中央施設「正庁院」があったことが想定された。この大規模施設の建設開始は六世紀後半で、七世紀前半までで廃絶されるという。

福岡市教育委員会の長家伸は、この那津官家に「筑紫大宰《つくしのおおみこともち》とよばれる中央派遣の官人が常駐していた可能性が高い」とする。つまり遠朝廷《とおのみかど》とされるのちの大宰府政庁（七世紀後半に建設）の機能をもっていた。

那津官家について、書紀・宣化元年の記述がある。

「筑紫は、海表（海外）の遠近の国が朝貢してくる往来の関門なり。賓客をもてなすことが国の安泰に通ず。よって、朕《われ》、阿蘇の君を遣《つか》わす。また蘇我大臣は尾張の、物部大連は伊勢の……屯倉《みやけ》の穀を運び、官家を那津の口につくりたてよ」

宣化は継体の皇子（庶子）だが、嫡子の欽明によって父・継体、兄・安閑がともに倒されたとする説もあり、事績の真偽が不確かな大王だ。那の津に穀を運ぶ氏族の順番が「蘇我、物部」と、宣化朝では大臣・蘇我より上位の大連・物部があとに記され、またもうひとりの大連・大伴の名がないのも不自然だ。だから「那津官家」設置は、ほんとうは大伴が没落し、蘇我氏が外戚氏族として実権をにぎった欽明朝のときとも考えることができる。

書紀がしるす宣化の在位年を西暦にすると五三六－五三九年で、欽明在位は五三九－五七一年。「おおきな権力下で造営された」（福岡市教育委員会）とされる比恵遺跡＝那津官家の開始年代の考古学的データは、欽明朝での設置のほうに軍配をあげている。これからすると、宣化朝に書くべきことがなくて欽明朝の事績をうつしたものとみていいだろう。クーデター説を適用すると、欽明朝の名誉にとって都合がわるい最初のころを「安閑」「宣化」としたということになるが……。

それはともかく、那津官家の記述でもっと重要なことがある。大王が「阿蘇の君」を遣わして那津官家を建てたとしていることだ。

那津官家設置での阿蘇君の登場は、筑紫国造・磐井《いわい》の乱（五二七－五二八年・山尾説五三〇－五三一年）後の筑紫の状況を象徴的にあらわしている。

磐井の乱後、筑紫に火君《ひのきみ》勢力がはいってくることはすでに記したが、考古学的にみると六世紀なかば前後に、筑紫一帯に石屋形（石の囲い）や石棚をもつ肥後式の石室や肥後発祥の装飾古墳

那津官家すぐ南、肥後式石屋形がある東光寺剣塚古墳（福岡市博多区）

がいっせいにひろがる。それが火君一族が筑紫へ進出したことをしめす。

大和王権は磐井の乱後、火君一族と連携して国際的に重要な筑紫をおさえたと考えられる。古代史学者の元西南学院大学教授・長洋一は、それを那津官家体制とよぶ。「対外問題に対応しつつ、火君勢力をテコとして王権の九州支配のコントロールタワーとしておかれた拠点が那津官家だった」（福岡市埋蔵文化財講座「那津官家」）。

長は、磐井の乱後の那の津（地域名）周辺は火君一族がおさえていたとする。

博多湾の西側にある糸島半島西部に飽田《あくた》郷の名がのこる。飽田はいまの熊本市の有明海沿岸部の旧郡名だ。磐井の乱後に肥後から飽田の一族が糸島に移住したためにその郷名がついたとみられる。八世紀はじめの志摩郡（糸島半島）の戸籍にも「大領」（豪族）として火君一族とみられる「肥猪《ひのいの》手《て》」の名がある。いずれも玄界灘側の島と陸地のあいだの糸島水道（近世に埋め立て）が博多湾とつながり、那の津の外港とされたところだ。

那津官家の南に隣接する御笠《みかさ》郡（福岡平野東南部）にも「益城連《ますきのむらじ》」なる豪族があらわれる。益城も熊本市の東南側の郡名だ。そこは阿蘇ピンク石がある宇土《うと》と隣接し、一帯は宇城《うき》地方とよばれている。

さらに那津官家跡の約六〇〇メートル南。そこに福岡平野の六世紀代の古墳として最大の東光寺剣塚古墳がある。時期はちょうど磐井の乱平定後のころ。そしてその石室は、阿蘇凝灰岩灰色石製の石屋形をもつ完全な肥後式で造られている。

「朕、阿蘇の君を遣わす」を証明するような古墳である。

朝廷軍、筑紫に集結

駱駝《らくだ》が飛鳥の都大路をゆっくりと歩いていく。そのうしろには驢馬《ろば》や羊……。

百済からこの駱駝の一行が贈られたのは書紀・推古七（五九九）年。その前の年には「新羅、孔雀を貢《たてまつ》れり」の記事もみえる。美しい尾羽をひろげた孔雀が、四五歳の推古女帝の心をなごませただろうか。最愛の子・竹田皇子をなくして一〇年ほどがたっていた。

海をこえて渡ってきた珍獣。はなやぐ飛鳥王朝。だが一見平和にみえるこの光景の裏には、新羅と百済のはげしい外交合戦があった。

いまの韓国・慶州を王都とした新羅は、釜山や金海周辺の加耶《かや》諸国に攻め入って領地を西に拡大していた。半島西部の扶余《ぷよ》を王都とする百済は必死の防戦体制をとる。倭国の支援がほしい百済、その介入をさけたい新羅。駱駝や孔雀は、それぞれの思惑による貢ぎ物だった。

「すみやかに任那《みまな》を救え」。推古九年、詔《みことのり》が発せられる。

任那は、かつて倭の外交府（任那日本府）がそこにおかれていたであろう友好国・安羅国（慶尚南道咸安郡付近）があった南加耶をさすと思われる。日本府はすでに推古即位の三〇年前に新羅の進攻でなくなっているが、半島への足がかりであるこの地域での新羅との攻防は、倭国にとって外交・軍事上の重要課題だ。

倭の大王はたびたび筑紫に軍をあつめて新羅の動きを牽制《けんせい》し、「任那再興」の国使を那の津から渡海させる。推古の前の崇峻大王も二万余の軍を筑紫に集結させた。崇峻のあとに王位を継承するはずだった竹田皇子が、植山古墳の阿蘇ピンク石棺に葬られる前後の時期だ。

そして飛鳥に駱駝がやってきた翌年には、一万余の倭の軍勢が加耶に渡って「五つの城を攻め抜きつ」。新羅はいったん和睦《わぼく》するが、倭軍がひきあげたあとまた進攻してくる。推古九年の詔はこのときだ。

さっそく、聖徳太子の弟・来目皇子《くめのみこ》を将軍とする二万五〇〇〇の軍勢が筑紫に派遣されて嶋郡《しまのこおり》（糸島）に集結、「船舶《ふね》をあつめて軍の糧を運ぶ」。

だが、来目皇子はすぐ病気になって翌年現地で亡くなり、かわって派遣された皇子も、筑紫にゆく途中で同行していた妻が病死したため引き返したという。この間、倭国中からあつめられた大軍勢は約一年半も筑紫にとどまっていた。この朝廷軍の筑紫滞留について「半島に渡らず、筑紫での長期滞在は不自然」とされる。

当時、推古朝の摂政・聖徳太子が推古に代わって大王の政務を執っていた。かたや蘇我馬子も大臣《おおおみ》として権勢をふるっていた。このため派遣軍の筑紫滞在を、和平派の太子と征討派の馬子との対立によるものとする解釈がある。来目が病気と称して半島に渡らないため馬子の刺客に殺された、交代皇子は太子と馬子の板ばさみとなり殺されるのを恐れて妻の病死を理由に引き返した……などなど。

だが福岡経済大学教授・田中正日子《まさひこ》は、「はたして新羅遠征なのかどうか。本当のねらいは、まだ筑紫で力をもっていた物部勢力を一掃するのが目的だったのではないか」との見方をしている。田中によると、継体大王末年の磐井の乱以降、物部勢力が筑紫にはいってきて、要所要所をおさえていたという。なにしろ継体が物部麁鹿火《もののべのあらかひ》を磐井討伐に派遣するとき、「筑紫より西はなんじが統率してよい」(書紀)といっているから、そうなったのかもしれない。

田中は「とくに糸島に物部が多かった」ともいう。物部竺志《もののべのつくし》氏という一族が文献にでてくるが、その本拠地が糸島とみられている。中央の物部本家をたおした馬子にとっても、物部征伐の剣をにぎった太子にとっても、排仏派の物部の残存勢力一掃はおおきな課題だっただろう。とくに対

糸島半島の岸辺。来目皇子はなにを思っていたか

外重要拠点の筑紫・那の津は王権の直轄地だ。

磐井の乱後に筑紫に勢力をはった勢力が、長がいう火君一族と田中の物部一族とでちがっている。しかし両者とも、とくに根をはったのが那の津の外港・糸島だということでは共通している。長は、磐井の乱後の火君一族の進出の延長線上に朝廷軍の糸島滞留をすえ、「この時期にはかえって火君勢力が筑紫一帯で強くなりすぎ、王権は火君をおさえる必要が生じた」とする。

対物部筑紫勢力か火君筑紫勢力か。肥後式の古墳が数多くあるという考古学的事実からすると、「磐井の乱後に物部竺志氏が勢力をはった」としても、それは時の中央政権の大連・物部守屋をバックにして、肥後から進出した在地の火君勢力のうえに君臨していたのかもしれない。

その中央の物部本家が倒されたあとに、もともと多数進出していた火君勢力がうしろ盾を失った物部筑紫勢力に取ってかわり、こんどはわがもの顔に那の津周辺を占有し直轄地・那の津をおびやかすようになった。そこで推古朝が大軍団で威圧した——。あい矛盾するかにみえるふたりの解釈を「事実の流れのふたつの現象」として解釈すると、こういうことになる。

いずれにしろ大和では蘇我氏と皇子たちは王権の実権をわが手に掌握するために物部氏を倒したのであって、国際的拠点としての那の津の維持・管理には在地豪族の協力はひきつづき必要だ。玄界灘南岸の朝廷軍大集結が北岸の新羅への牽制・威圧になったように、火君勢力へもあくまで威圧だったのではないだろうか。多少の小競りあいはあったかもしれないが。

飛鳥王朝とピンク石の接点

飛鳥王朝の王位継承者であった竹田皇子が阿蘇ピンク石棺に眠っていた。六世紀末築造の植山古墳東石室だ。推古（当時は炊屋姫）は、竹田の父親である亡き敏達の太后として、また母として、この竹田葬送の指揮をとり植山古墳造陵にもあたった。その推古女帝、竹田皇子の阿蘇ピンク石との接点を探して、九州での王権の重要拠点の動向をみてきた。

だが、朝廷軍の筑紫派遣は六〇二年。竹田、厩戸が陣頭にたった物部討伐戦争は五八七年で、その後消息がわからない竹田皇子が亡くなって阿蘇ピンク石棺に葬られたと推定されるときから十数年がたっている。

この時間的ずれをおぎなう説明が必要だろう。

新羅の加耶侵攻で任那日本府が失われた五六二年以降、大和王権はたびたび大軍団を半島に送っている。とうぜん軍の集結は筑紫の那の津近辺で、那津官家は集結・渡海のための中枢拠点となった。つぎつぎとあつまってくる軍船係留の手配、大軍団の宿泊の手配、船の補修や武具の増補、大量の食糧の調達と搬入。日ごろから津や周辺の施設・経済事情にあかるく、地元技術者や食糧調達のルートをもつ地元豪族のとり仕切りがないと、それは不可能だ。そこに火君一族がいた。その役割の重要性から火君一族は王権との直接的関係をもっただろう。

推古即位前、崇峻四（五九〇）年にも二万余の軍が筑紫に集結している。これも現地では火君一族が受け入れ作業の陣頭にたっただろう。職掌としては中央でそれを統括するのは馬子だったはずだが、推古もすでに馬子とともに王権の実権をにぎっていた。火君一族―那津官家―中央の担当重臣―馬子・推古。こうした接点が描かれる。この年は物部討伐戦争の三年後だから、まだずれてはいるが、半島が緊迫するなかでそれ以前からの王権と火君の接触がとうぜん考えられる。だが、さらなる接点はないものか。書紀の記述を、炊屋姫が后であった敏達紀までさかのぼってみる。

敏達一二（五八四）年七月。「いま百済に在る火葦北国造《ひのあしきたのくにのみやつこ》阿利斯登《ありしと》が子達率日羅《だちそちにちら》、賢くして勇あり……」

五世紀なかごろ、畿内中枢にはいったはじめての阿蘇石石棺の被葬者との関係が推定される火葦北国造（六二ページ参照）。その子孫がここに登場してくるのだ。

允恭大王以来、不知火での大王家の所領地を管理し、対熊襲《くまそ》最前線の武族として、また対半島経営にも参加して王権とかかわりをもってきた火君系一族の敏達紀での登場。この記述は半島の情勢を憂慮した敏達大王が、達率という百済の位階では第二位の高官になっていた日羅と「相計《あいはか》らむ」ため、百済からよびもどすことを命じた詔としてしるされている。

そして日羅が母国に帰ってくる。「宣化天皇の世に、わが君大伴金村大連、国家《みかど》の奉為に（天皇のために）、海表に使わしし火葦北国造阿利斯登の子、臣、達率日羅、天皇の召すところを聞

大野窟古墳石室の堂々たる石棺と石棚

きたまへて（うかがって）、おそれ畏《かしこ》みて来朝せり」。敏達大王と会うときの口上だ。

この四七年前、大王の命をうけた大伴金村《かなむら》が息子の狭手彦《さでひこ》を百済救援のため派遣している。阿利斯登もこのときいっしょに百済に渡り、現地の女性とのあいだに日羅が生まれたようだ。

大王と国家的な問題で接見する火葦北国造一族出身の百済倭人高官。日羅の母郷、火葦北は火君の拠点域に接している。そこに阿蘇ピンク石産地がある。阿利斯登のつぎの族長の代になっていた火葦北国造さらに火一族の大首長である火君は、大王の賓客としてやってきた日羅をどのように迎えただろうか。

いっぽう、后だった推古は大王・敏達と「相計る」日羅、その母族長・火君と、このとき接点があっただろうか。

火君の六世紀前半代の墳墓として野津古墳群（熊本県氷川町）があるが、その北に少しはなれて推定全長一二五メートル、墳丘が三段築成の前方後円墳・大野窟《おおののいわや》古墳が位置している。時期を確定できる出土物がなく、もっとも早い説で六世紀なかごろ、遅くて六世紀末。これを六世紀後半という幅で考えると敏達とも時代が重なる。その石室には立派な石棚と石棺があるが、阿蘇ピンク石産地ちかくにもかかわらず石材は氷川産。ピンク石棺を「大王家のひつぎ」とする思想がまだ生きていたかのようだ。

いずれにしろ当時の火君の勢力をほうふつとさせる大和の王族・氏族長なみの古墳だ。

実は推古と火君との接点を示唆するもうひとつの文書がある。

阿蘇ピンク岩層がある火君の領域、熊本県宇土に関係する「正倉院文書」の戸籍帳だ。天平時代の八世紀なかばのところに「宇土郡大宅郷戸主額田部君得万呂　戸口額田部真嶋」としるされている。推古が敏達后につく前の名は額田部皇女。額田部連一族がその名代（所領）を管理運営していた。宇土に額田部皇女の名代の額田部があり、額田部一族が以前から住んでいたことをしめすものだ。これは推古が宇土と関係があったことを物語る。

推古と阿蘇ピンク石の接点は、その経済基盤の額田部として、敏達后として、また王権を掌握した時期の公的なものとして、その可能性があげられる。この三要素をわけずに、一連のものとして考えることもできる。

那津官家問題での火君との接点だけみれば、馬子も同じ立場だ。だが、王統氏族の長として王朝を「蘇我一色」にした馬子の強固な政治姿勢をみれば、蘇我系の王位継承者の代表であった竹田のひつぎに竜山石ではなく阿蘇ピンク石を持ってくるのは、公的立場からも個人的感情からも疑問といえる。馬子のときに盛大な改葬の儀をした姉の欽明妃のひつぎは竜山石棺だ。

竹田皇子と阿蘇ピンク石の関係はまったく不明だ。しかし夭折した大和の貴公子より、推古にその接点を想定すべきだろう。急死(?)した竹田のひつぎを選定したのは、のこされた母・推古であっただろうことがほぼ確実だからだ。

竹田が死んで数年ののち、推古はいぜん宮廷の覇権闘争のなかにあり、それを収めるため五九二年にみずから即位する。

聖徳太子が「日出るところの……」としたためた国書を持った遣隋使が那の津を出航するのは、朝廷軍筑紫滞留から五年後。そして隋の答礼国使・裴世清の一行が那の津にはいってくる。

裴世清は難波への海路をたどり、飛鳥の宮廷で金銀玉錦が光彩をはなつ随皇帝からの贈り物を捧げる。そのとき大和の皇子・諸王たちは衣冠束帯に身をただし、みな冠には金の花飾りをさしたという。だが推古がいくら思い描いてみても、そのなかに竹田皇子の姿はもちろんなかった。

推古、その思い

王権内の熾烈《しれつ》な抗争をのりきってみずから帝位につくことで宮廷を安定させた推古は、聖徳太子に政治をまかせ、いわば「象徴」のような立場で日々をすごす。

これに関連して山尾幸久の説を紹介する。

じつは蘇我馬子は、竹田皇子ではなく厩戸皇子を次期大王にと考えていた。「推古・竹田×馬子・厩戸」の対立。そのただなかの五九二年、馬子は自分に反抗的態度をとった崇峻を殺してしまう。「蘇我氏が厩戸を大王にしようとしたのにたいし、炊屋姫はどうしても竹田を大王にしたかった」が、その竹田が「非常に不自然な形で馬子によって即位を阻止され」、蘇我系の王位継承者は厩戸しかいなくなってしまった。推古はこの「馬子の強引な路線に抵抗」し、また、太后として王族内部のこれ以上の亀裂をふせぐため、みずから即位したという（『日本古代王朝と内乱』所収）。これによると竹田は馬子に暗殺されたことになる。だが推古と馬子はそれまでの宮廷戦争の「共犯者」であり、またその武力に太刀打ちはできない。王族代表として混乱をさけるために即位し、かわりに厩戸を皇太子とすることで妥協をはかったと考えられている。

この山尾説には、竹田の死因を「物部征討戦での深傷《ふかで》が原因」（和田萃）とするなど反論も多い。

だが、たとえそれが暗殺でなくても、推古の竹田を失ったことへ

大和三山にかこまれた飛鳥

の悲しみにかわりはなかっただろう。推古は、崇峻、穴穂部という兄弟（腹ちがい）をはじめ一族の皇子たちの暗殺を馬子とともに主導する血なまぐさい政争劇を繰りかえしてきた。そんななかで最愛の皇子で王位継承者と定めていた竹田を亡くす。物部討伐戦のけがが原因としても、みずから主導してきた政争が結果として最愛のわが子の命を奪うことになったことは、事実としてのこる。

その事実への思いが、夫・敏達をさしおいて竹田皇子の墓を造陵し、なおかつみずからその横に葬られるべき双室墳を造らせたのではないだろうか。

では、竹田のひつぎに阿蘇ピンク石を採用したことをどう解釈するか。

和田晴吾は、朝廷の作陵部の石匠たちの技術継承で阿蘇石石棺のことがこのころまで伝承されていた可能性があり、それが推古と阿蘇ピンク石との接点となったことも考えられる、としている。作陵部からは、それがかつて自分の祖父・継体大王のひつぎであったことも聞かされたかもしれない。

福岡大学名誉教授・小田富士雄と宇土市教育委員会・髙木恭二は、植山石棺は額田部との関係がその要因ではなかろうかと推定している。

推古との問題にかぎらないが、阿蘇ピンク石棺が大王家のひつぎとなったのは僻邪《へきじゃ》（邪悪なものを遠ざける）思想からではないかと小田は指摘している。この石は乾燥するとピンクになるが、湿気を帯びたふつうの状態では赤色だ。弥生時代の土器棺から古墳時代の石棺や石室にいたるまで、水銀朱や赤いベンガラ（酸化鉄）がふりまかれている。古代において赤は死者の魂をまもる色だった。

竹田葬送後の推古のことは、書紀・推古紀に「帝紀」としてしるしてある。

だが推古紀は、太子について聖人説話や十七条憲法の発布などその人物・業績について頻繁にくわしくとりあげているものの、それにくらべ推古の政治むきの記事は多くない。かわりに、聖徳太子に経本の進講を三日間もしてもらったなどという仏教にかんする記事がでてくる。

推古は即位後ほどなくして「政治の前面からしりぞいた」（山尾）ようだ。蘇我氏系の大王をつぐ目的があったにせよ、政争とドロドロした政治をのりきったあとの推古に、諦観《ていかん》ないし厭世《えんせい》観《かん》のようなものがあったのではないかと、推古紀の記述の紙背《しせい》に読み取ることができる。

釈尊をまつる玉虫厨子を愛蔵していた推古。馬子に代表される生々しすぎる政治に興味を失い、即位前の宮廷戦争で殺された王族たちの霊をひたすら弔っていたのだろうか。そして最愛の竹田皇子のことも。

謎は解けるか

「虚空に火あり。おのずから燃え、ようやく下りてこの山につきて燃ゆ」（『肥前国風土記』）。

九万年前の阿蘇大火砕流が火をはなちながら宇土半島へとくだり、冷えてかたまった阿蘇ピンク岩層。その岩層から採りだして造った石棺が、太古に静まった火を古代人の心に点火して、「大王家のひつぎ」として海を渡った。

阿蘇ピンク石棺の謎は、古代史上の争点となっている大和王権の謎の時期と奇妙につながる。動乱期とされる雄略大王後の五世紀末。実在が疑われる大王が記紀にならぶ時代に、畿内の王族墓に出現する。謎の王朝である継体大王の、そのまた謎につつまれた最後のときに彼の陵墓へいれられる。そして継体打倒のクーデターを疑われる欽明以降ひとたび消える。それが、大王家と蘇我氏、物部氏が血塗られた政争劇を繰りひろげた飛鳥時代のはじめにふたたび登場する。

阿蘇ピンク石棺は、石材産地である火の国にはまったくなく、大王家おひざもとの畿内周辺の特定の古墳にしかはいっていない。河内王朝や継体のあとの「大王家のひつぎ」でもあった竜山石、二上山石の石棺は地元以外の各地の豪族の古墳からもたくさんでている。阿蘇ピンク石棺のような石棺はほかにない。ある特定の「大王家の特注品」とされるゆえんだ。

継体大王以前、そして継体朝の時代に王権が九州・肥後の火の国の豪族たちと関係をもっていた。それは地方豪族同士、豪族と中央氏族の同盟、そして大王家とそれらの氏族・豪族がむすぶことにより阿蘇灰色石とピンク石の石棺が海を渡り、それが新しい王朝であった継体時代の「大王家のひつぎ」として採用されたのだろうと、文献上の古代史研究と考古学上の事例をかさねあわせながら推論してきた。

ふたたび登場する推古女帝・竹田皇子合葬陵での阿蘇ピンク石棺については、推古と火君一族との接点、および額田部として阿蘇ピンク石産地・宇土との接点があったことに、作陵部の技術伝承の可能性という考古学からの視点もくわえて考えてきた。いちおう、現時点でなしうる解釈はこころみた。

しかしとくに推古・竹田合葬陵については、竜山石と二上山石が大王・王族の石棺だった時代に、六〇年も前に大王陵から姿を消して飛鳥からはるか西のはての山奥に眠っていた阿蘇ピンク石を、また掘りだして最愛の皇子のひつぎとして海を渡らせたのはなぜか。その動機と、尋常ではないエネルギーを考えると「接点があった」だけでは説明がつかないという思いがする。

阿蘇ピンク石棺採用にあたって考えられる客観的要因については、できるかぎりのものは挙げえただろうが、推古がそうした行為をする動機と、そのエネルギーを思うとき、まだなにかがのこっているような気がしてならない。

聖徳太子が建立した四天王寺にいまは「熊野権現礼拝石」としておかれているピンク石の謎もそうだ。

しかしこれまで語ってきた以上に、それを解明する文献上の史料も論拠もなく、考古学的な物証も推定も現段階ではない。

だから、さらにそれにわけ入ろうとすると想像にたよってみるしかない。

推古が王位継承者とした最愛の子・竹田皇子は、みずからが主導した政争劇にまきこまれて王位につくこともなく少年のまま死んでしまった。

「皇子は自分が殺したようなものだ」。こうしたとき、母親としては激しい自責の念にかられるのがふつうだろう。この自責の念とまだ少年だった竹田への哀惜がこもごもの強い感情となって、その造陵・葬儀に尋常でないエネルギーを注いだのではないか。大王さえ追葬の時代に、竹田の墓を造陵してみずからも葬られる場所がある双室墳とし、はるか九州からピンク石棺を運ばせるということにこの強い感情のエネルギーを、推古即位後の「諦観」にそのエネルギーのもととなった自責と哀惜の念を背負った姿を、それぞれうかがえないだろうか。

推古が阿蘇ピンク石棺を選んだ理由は、欽明以来の王統氏族としての蘇我氏の宿命が竹田皇子の〝悲劇〟をよんだことへの悲嘆、それへのせめてもの抵抗から、竜山石を採用しないことで皇子へのはなむけとしたとも思える。そして推古は仏教の崇拝者だった。その仏教に西方浄土の思想がある。遠く東シナ海へ接する西方の地の赤い石。それに乗せて皇子を浄土へ旅立たせたかったのか……。ただこれは想像というより、空想にちかいかもしれない。

聖徳太子は、叔母・推古の皇子である竹田と物部討伐戦でともに戦列を率いた。竹田の葬儀にもとうぜん参列したであろう。だとすると竹田の阿蘇ピンク石棺も知っているはずだ。聖徳太子と阿蘇ピンク石棺の蓋然性のある接点としてはこれがある。

だが、四天王寺で太子関係の品々が鏑矢《かぶらや》ひとつまで伝世保管されているように、もし阿蘇ピンクの板石が太子と関係があったのだとすると、創建当時から大切にされ、瓦礫の下に埋められることはなかったはずだ。石棺の底のような形状からしても、いつの時か慰霊のために運びこまれていた壊れた石棺を「礼拝石」としてよみがえらせたのだと考えたい。

飛鳥時代の記録に阿蘇ピンク石棺のことをしるしたものはなにもない。そればかりか継体大王の時代もふくめて、古事記、日本書紀、風土記など古代史上の各種文献にも、石のひつぎのことなど一字ものこされていない。ただあるのは、大王陵などの古墳墳丘や土に埋もれた石室からでてきた考古学的遺物としての一三例の阿蘇ピンク石棺だけだ。

ものいわぬ遺物になにを語らせるか。

石棺復元のため宇土の阿蘇ピンク岩層から堀りだされた岩塊＝2004年５月

古代史学と考古学での資料、その学問的解釈や学説への検討。それから導きだせる根拠のある推論や仮説。そうして、阿蘇ピンク石棺のこと、その背景にある歴史的問題を考えてきた。確証がもてないときは「……だろうか」などの表現をとり、あくまで「論証」を基本にしたつもりだ。ただ、推古というひとりの人間の「思い」にはいりこむとき、それは想像の域をでなくなる。

継体大王陵・今城塚古墳のピンクの石棺片、推古女帝の初陵・植山古墳の堂々たる阿蘇ピンク石棺が発見されてまだ数年しかたっていない。

一五〇〇年という時の流れにうもれて、いまでは見えない歴史の糸がたくさんあるだろう。だが多くの見える糸もあった。それらから見えない糸を類推しながらここまできた。そしていま、現段階で語れることはすべて語りつくしたと思う。

日本書紀・継体紀「春きさらぎ……、丁未（二月七日）に天皇、磐余玉穂宮に崩りましぬ。時に八十二（歳）」

日本書紀・推古紀「天皇、群臣に遺詔してのたまわく、『朕……竹田皇子の陵に葬るべし』。壬辰（九月二四日）に、竹田皇子の陵に葬りまつる」

海道をゆく

瀬戸内海をゆく大王の
ひつぎ実験航海古代船

春の海は少しざわめき、なにかが始まろうとする予感がした。それを知らせるかのように、さざ波がつぎつぎに沖から岸辺へと走ってくる。

朝見た天気図は、不安定な気圧配置を示していた。

有明海と不知火海をわけてまっすぐ西にむけて突きだした熊本県・宇土《うと》半島。海神がまつられた住吉の浜に立ち、ざわめく海に幻を描いてみる。

おおきな石の塊を載せた丸太船が浮いている。海に浮かんで揺れる石は、ピンク色に染まっていた。そのむこう、長いもやい綱をつないで両舷に舟板を立てた古代の木船が波に揺れる。舷側にならんだ赤銅色の男たち。号令とともに海面に何本もの櫂《かい》がおろされ、力強く水をかく。丸太船が、重い船体をきしませながらゆっくりと動きだし、古代船を漕ぐ男たちのかけ声が聞こえてくる。

「大王家のひつぎ」が運ばれた古代の海と、現代の海をつなぐ夢。人々がそれに挑戦した。「阿蘇ピンク石で石棺を造り、古代船を復元して九州から畿内までの海路を運ぼう」。考古学・海事史研究者が海の男たちとともに乗りだした「大王のひつぎ実験航海」だ。描いた幻はこの航海の船出の光景だ。その幻は実像となって、海によみがえる。

静かな有明の海をでると、そこには対馬暖流が北上する荒ぶる東シナ海、玄界灘。そして瀬戸内海の彼方に、大阪湾が待っている……。

実験航海が行った海路をたどってみよう。

■図14　2005年「大王のひつぎ実験航海」全航跡図

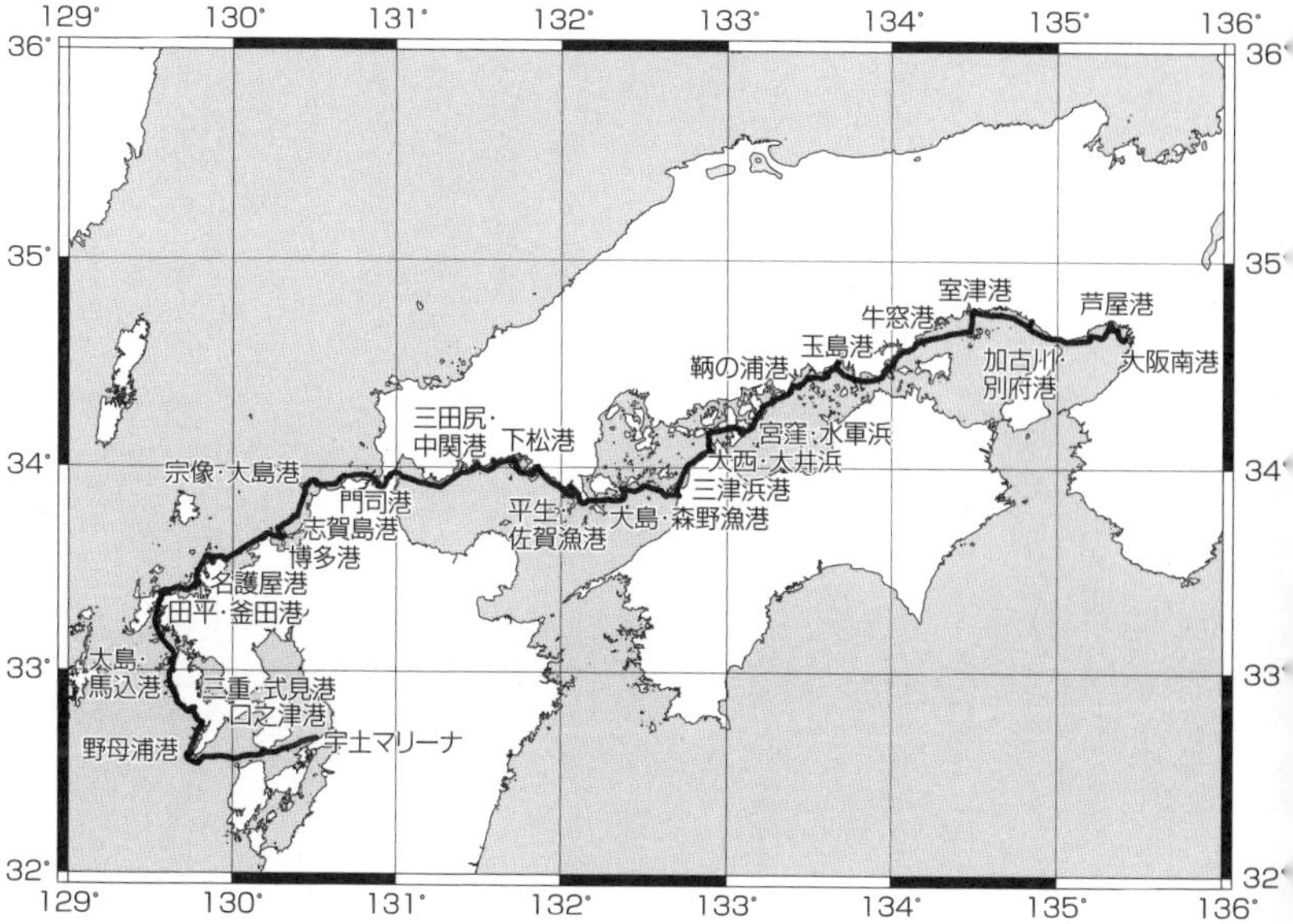

最西端の津見わたす古墳——東シナ海・松浦半島

「むかしはここを鯨がとおったんですよ」。時速八ノットの潮流が渦巻きながら流れる平戸瀬戸を見おろして、土地の人はこういった。

九州本土の西北端。「日本最西端の駅」の標柱が立つ松浦鉄道・たびら平戸口駅がある長崎県田平町は、東シナ海と玄界灘の接点の海を見おろす海峡の町だ。

東は唐津まで台地が起伏する北と東の両松浦半島。かつて東シナ海に乗りだした中世武士団・松浦党の本拠地だ。海峡をはさむ平戸島には、最後に松浦党二十数氏の統領となった平戸松浦氏の居城がある。そして西の海には五島の島々。

田平町を平戸瀬戸ぞいに北東にまわると、そこは玄界灘。つまりこの町では、路地の角をひょいと曲がるような気分で「九州の角」をまわってしまう。

古代海路は、海ぞいの古墳や、古代の津浦（みなと）の存在などから想定される。

「大王家のひつぎ」が運ばれた五世紀末から六世紀にかけて、海ぞいに造られる古墳が多くなる。この時代がやはり、海にむかった時代であったといえる。

「この竹やぶのむこうにあるんですが……」。玄界灘に面した町の東側、釜田浦の岬のうえで、田平町教育委員会の北島聖美はいかにもくやしそうだ。行く手をはばむ篠竹《しのだけ》の先に、海をのぞむ

平戸瀬戸

岳崎《たけさき》古墳がある。全長六〇メートル、長崎県でも有数の前方後円墳だ。釜田浦と玄界灘の双方を見わたせる岬にまるで灯台のように立っているこの古墳からすると、この被葬者が拠点とする津が、釜田浦にあったことはまちがいないだろう。

『肥前国風土記』には、景行天皇が九州にきたときに「志式嶋に立ち寄り、西の海中にある小近島、大近島の土《つち》蜘蛛《ぐも》（在地豪族）を平定した」ということが書いてある。「志式」は平戸島南端の志々伎《しじき》に、「小近」は五島・小値賀《おぢか》島にその名をのこしている。

また、書紀にしるす神功皇后の「三韓征伐」後、平戸と加部島（佐賀県唐津市）を防衛拠点とし、平戸に仲哀天皇の弟君を配属したとも伝えられている。

史実としては確かめようもないが、国の西端に大王がきたり、王弟が派遣されたと伝えられているのは、大和王権が対外交通の要路としてこの「九州の角」を重要視していたあかしにちがいない。

古墳が少ない長崎県にはめずらしく、田平町には前方後円墳が二つある。

この墳形をもつ古墳の被葬者は王権となんらかのつながりをもった豪族とされる。松浦半島の豪族の場合は、大和王権の国使や軍師の船を支援する「海」を通じての関係であるだろう。

そして釜田浦は、地図上からみても本土最西端の津だった。ということは、この古墳も本土最西端か……。

＊

田平から北松浦半島東岸をくだり、伊万里湾奥から東松浦半島の西岸をあがる。

鎌倉時代の元寇のとき、集結・停泊した元の船が「神風」で壊滅したと伝えられる伊万里湾。肥前町から船で、アジア水中考古学研究所が元寇沈没船の海底調査をしている鷹島（長崎県鷹島町）に渡った。

沖合海底の調査ダイバーと交信する無線機の前。研究所理事長・林田憲三は海底下地層の死んだ二枚貝の話をする。ふつう二枚貝は死んだら殻を開く。だがここの海底の貝は殻をとじたまま死んで層をなしている。それはなにかに「密閉」されて酸素を取りこめなくなり窒息死した姿だ。

ある日、貝もろとも海底の泥砂が大量に巻きあげられ、重い貝がさきに沈み、あとから沈んできた海泥と海中に流れこんだ大量の微細な陸土がそのうえに積もって貝を密閉してしまった。貝を巻きあげるほど海水を攪乱《かくらん》させた大波、そして川の大洪水。沈没船の船材は、死んだ貝がまじる粘土層からでてくる。「やはり超大型台風にやられたのでしょうね」

＊

東松浦半島を横断すると、佐賀県唐津市にでる。

「このあたりでは、六世紀後半になると海ぞいに古墳がぱらぱらっとできてくる。やはり大和が海上交通を重視した影響でしょう」。唐津市教育委員会の美浦雄二が、中世から古代へひき戻してくれる。

いまも海底に沈む元寇・江南軍船の船材
（長崎県鷹島町の伊万里湾海底発掘調査）

このころ、「対岸」の朝鮮半島で倭国《わこく》にとって重大事態が起こっている。

まず、日本書紀・宣化二（五三七）年、「新羅、任那《みまな》を寇《こう》す。天皇、大伴金村大連《かなむらおおむらじ》に詔《みことのり》してその子・狭手彦《さでひこ》を遣わす」。

さらに欽明二三（五六二）年、「新羅、任那の官家を打ち滅ぼしつ」。任那は半島南端の倭国の外交施設があったところで、半島での重要拠点であった。それが新羅によって失われた。

そして同年、「天皇、大将軍・大伴連狭手彦を遣わして兵数万をもって高麗を伐《う》たしむ」。新羅と高句麗の挟撃に遭っている百済を助けて任那を回復しようとの作戦だ。

この大伴狭手彦率いる大船団は唐津湾一帯の津浦に停泊し、そこから東松浦半島北岸ぞいにでてゆく。狭手彦の船団に参画したであろう松浦半島の豪族たち。海ぞいに古墳が造られるのはこのころとなる。

松浦に滞在した狭手彦と結ばれたという地元豪族の娘・佐用《さよ》姫の伝説。出航する狭手彦との別れを惜しんだ佐用姫は、呼子湾の湾口にある加部島まで見送り、そこで悲嘆のあまり石になったという。

加部島の田島神社にはその佐用姫石をまつる社殿があり、島内に古墳も多い。そのひとつが、島の北東端の崖上から海を見わたす前方後円墳・瓢 塚《ひさごづか》古墳だ。たくさんの鉄製武器の副葬品があった。

時期は少し早い五世紀末―六世紀はじめ。ちょうど阿蘇ピンク石の石棺が畿内に運ばれだしたときだ。ピンク石石棺は六世紀前半でとだえ、そして六世紀末に推古の子・竹田皇子のひつぎとなる。それが瓢塚以外の加部島の古墳の時期と重なる。

偶然の一致かもしれないが、宇土市教育委員会の高木恭二らが想定する宇土から畿内までの「大王のひつぎ」の海路は、釜田浦からこの海域をとおってくる。

◆――万葉集にも歌われる海の難所

東シナ海を北上してきた対馬暖流が玄界灘へと流れこむ九州西北海域は、むかしから海の難所だ。対馬暖流が五島列島にぶつかって潮流を乱しながら向きをかえる転換点に、大陸や南からの季節風が吹きこんで三角波が立つからだ。不規則な潮流変化、強風、三角波と悪条件がそろっている。万葉集の歌にのこる有名な難破も、この海域で起こっている。

神亀年中（八世紀前半）のこと。大宰府政庁が宗像の老船頭・津麻呂に対馬への送糧を命じたが、津麻呂は「年取って海路に耐えず」と友人の志賀島の海人・荒雄に頼んだ。荒雄は九州北岸ぞいに五島までゆき、対馬暖流に乗って対馬をめざしたが、途中「にわかに暴風に雨を交え、海中に沈没」してしまう。

万葉集には、友情に殉じた荒雄の妻の思いを詠んだ「荒雄らを来むか来じかと飯盛て門に出て立ち待てど来まさず」など一〇首が載せられている。

気象用語になっている「春一番」は、もともとこの海域の漁師たちが冬の終わりごろに突然吹いてくる強風を警戒して名づけたものだ。

海洋国家と海の神々――玄界灘・博多湾

隋や唐、そして高句麗、新羅、百済の半島諸国。その皇帝や王が倭国に派遣した使節は母国から一路、那の津とよばれた博多をめざした。古代から中世に至るまで、那の津が倭国（八世紀以降は「日本」）の公式な玄関口だったからだ。

東シナ海、玄界灘を渡る長い航海のすえに船がはいっていく静かな博多湾。いまはビルが群立する湾の奥に、千数百年前の外国の使節たちが見たもの、それは湾岸の高台にそびえる朱塗りの高楼、鮮やかな緑色の連子窓《れんじ》が連なる回廊だっただろう。大和朝廷が倭国の海の玄関口においた外交迎賓施設・鴻臚館《こうろかん》だ。

弥生後期の「漢委奴国王《かんのわのなのこくおう》」金印や、三世紀の『魏志倭人伝』にしるされた「奴国《なこく》」の名をつぐ那の津は、筑紫大津ともされた。半島・中国への海にひらいた弥生時代の奴国、伊都国は、考古学者によって「古代海洋国家」といわれている。

その那の津が「博多大津」となるのは「日本」という国号が採用される八世紀のころだ。船が停泊する潟―泊潟に、「博く《ひろ》」「多い」という好字をあてたとされる。泊潟という当時の港の一般名称が固有名詞としてここにつけられるほど、国を代表する港だったということだろう。

福岡市教育委員会が発掘調査をつづけている鴻臚館跡からは、透明なペルシャガラスの杯、美しいブルーのイスラム陶器、そして「秘色《ひそく》の器」と称された濃いヒスイのような色の唐の青磁など古代の珍宝の数々が出土している。

「鴻臚館の遺構の下にも、海をのぞむ古墳があったんですよ」と調査事務所の大庭康時。古代博多の海の豪族の墓のうえに、ペルシャのガラスが埋もれていたというのは、いかにも海洋国家風だ。

鴻臚館跡＝福岡市中央区

鴻臚館は〝遠《とお》の朝廷《みかど》〟とよばれた大宰府に付属していた。大宰府は七世紀後半に軍事的事情で内陸部（いまの福岡県太宰府市）に造られたが、それ以前、その前身とされる施設が那の津時代の博多にあった那津官家《なのつのみやけ》だ。

六世紀なかば前後の設置とされているが、「博多やその奥に、那津官家や大宰府をおいた要因は、もとをたどれば磐井《いわい》の乱に発しているのでは」と大庭はいう。継体大王のときに起こった磐井の乱（五二七年）のときは磐井が那の津をおさえていたとみて、「そこを大和王権の直轄地にしておかないと、またなにが起こるかわからないでしょう」。

書紀には、磐井の敗死後、その子・葛子《くずこ》が「糟屋《かすやの》屯倉《みやけ》」を継体王朝に献上して乱の終息をはかったとしるされている。

福岡市の東側の玄界灘ぞいが粕屋だが、一九九九年に、福岡と宗像のほぼ中間にある古賀市（旧・糟屋郡古賀町）で、その屯倉の跡とみられる遺跡が見つかっている。

田渕遺跡で、「花津留浦」の記録がのこる花鶴川河口ちかくに位置している。玄界灘に面した津だったのではないかと推定されていたが、古賀市教育委員会の発掘調査で六世紀後半の大型建物群跡が見つかった。その位置、時期、「屯倉」をしめす建物群から、考古・古代史学者たちによって「糟屋屯倉」跡と想定されている。

屯倉の呼称は、葛子献上後にそこに屯倉をおいたからだろうから、その前は「磐井津」とでもよばれていたのかもしれない。磐井の玄界灘にむけた本拠地だったからこそ、その献上で大和王権が大乱の罪をゆるし、葛子を断罪することもなかったのだろう。

「磐井は筑紫独立王国を目指した」といわれる。だとしたら、その王国の公式玄関口を那の津において、「磐井大津」と名づけたかったのかもしれない。

＊

福岡と糟屋の境目あたりから、海の中道が西に長く突きだして博多湾と玄界灘をわけている。その中道のねもとに「二神山」という山がある。山容はすっきりとしているが頂《いただき》が二つある。それに由来するのだろうが、この山がのぞむ海の西域と東域には、二神の海神がいる。山の名はそれもあらわしている。

海の中道先端の志賀島《しかのしま》（福岡市東区・旧糟屋郡）。玄界灘と博多湾の双方を見わたす林のなかにある志賀海《しかうみ》神社の祭神は、万葉に「志賀の皇神《すめがみ》」と歌われた海神《わたつみ》神だ。

宮司の阿曇《あずみ》磯和は、古代からつづく海人族・阿曇氏の子孫である。「さあ、何十代目になるでしょうか……」

記紀は、国生み神・イザナキが日向の海底でみそぎをして生まれたのがワタツミ神で、「阿曇《あずみの》連《むらじ》が祖神として祭る神なり」としるしている。

国生み神話の時代から現代まで。その系譜が綿々とつづくのは、古代氏族のうちでも阿曇氏が唯一だろう。百万都市の目の前の島で、「生きた古代史」が息づいている。

筑紫で生まれ、その地が宇瀰《うみ》（糟屋郡宇美町）とよばれたという神功皇后の子・応神大王。阿曇連の祖・大浜宿禰《すくね》がこの応神のときに海人の支配者となったと書紀にはあるが、京都教育大学教授・和田萃《あつむ》は、実際に阿曇氏が大和王権とつながりをもったのは、のちの磐井の乱が契機だったとみる。

「乱のあと、磐井が握っていた玄界灘の制海権を王権が掌握する。博多湾沿岸の海部《あまべ》の統率者だった阿曇氏はこの時期におおきく飛躍し、西日本各地の海部集団を支配する中央伴造《とものみやつこ》（宮廷豪族）になる」

阿蘇ピンク石棺が、「大王家のひつぎ」としてこの玄界灘を運ばれていったころだ。

その志賀島から北方約六五キロの海上。玄界灘のただなかに沖ノ島が浮かんでいる。

対馬暖流がはぐくむ照葉樹の原生林のなか。巨岩上や岩陰の各所に、鏡や金の指輪、金銅製の馬具や飾り、玉類、そしてペルシャガラス片までの数世紀にわたるおびただしい宝物がおかれていた。絶海の孤島に、「海の正倉院」ともよばれる宝物の数々がのこされているのは、航海安全

大和朝廷の航海祭祀遺跡がある「海の正倉院」沖ノ島

を祈願する大和王権の祭祀《さいし》がおこなわれていたからだ。

古賀市の東隣、福津市に胸肩《むなかた》氏のおおきな古墳がのこる。さらに隣の宗像市には航海神・宗像神をまつる宗像大社があり、沖ノ島にその沖津宮がおかれている。

その胸肩氏もやはり神話に登場する。アマテラスとスサノオの誓約《うけい》によって宗像三女神が生まれ、「筑紫の胸肩君」がこれをまつるとする。

玄界灘を舞台とするふたつの海人族と、海洋神。

ただ沖ノ島は、博多湾から壱岐・対馬経由で半島を往復する弥生時代以来のメーンルートから直線距離で五〇キロ以上もはなれた東の海中にある。一

方、「王権の海」でもある瀬戸内海の出口、関門海峡から対馬をむすぶ航路を取れば、ちょうど中間に位置することになる。宗像からもほぼ同様だ。

九州大学名誉教授・田村圓澄は、「おそらく宗像神が玄界灘東側の対新羅航路の航海神で、ワタツミ神は西側の対百済航路の神だったのではないか」という。

宗像の海岸から少しはいった大社の森につづく丘陵ぞいに、前方後円墳があった。六世紀後半の桜京二号墳。石室に石屋形と装飾壁画を持つ完全な肥後式の古墳だ。

玄界の航海神の祭主として、王権の制海権を支えた胸肩氏。その本拠地にある肥後式の古墳。古代、火君一族は胸肩氏とともに、不知火、有明、玄界と〝海の同盟〟をめざしたのかもしれない。

◆――金印の「伊都国王」授与説は？

志賀島から出土した、後漢・光武帝から奴国王に贈られたという「漢委奴国王」金印だが、最近、この金印は糸島にあった伊都国に贈られたのではないかとする説がでている。「委奴国王」を「わのなのこくおう」ではなく「いとこくおう」と読んでのことだ。

志賀島の調査をした考古学研究者・塩屋勝利が、この「伊都国」説に反論している。塩屋の研究では、漢の印制（皇帝が諸国へ印を発給する制度）では、まず「漢」というみずからの帝国名のつぎには印を贈る国がある地域名を冠し、そのつぎに個別の国名を刻むきまりがあったという。つまり、「委奴」を「いと」つづけて読むのはまちがいで、「委」が人偏を略した倭という地域名、「奴」を国名とする従来どおりの解釈が、漢の印制のうえからも正しいとする。

神功皇后と周防の女王——関門海峡・周防灘

潮みなぎる海。早鞆《はやとも》の瀬戸はとうとうと流れ、海峡を圧するようにあらわれた巨大なタンカーでさえ、あえぐように潮流に立ち向かう。

本州最西端と九州東北端の陸地がせめぎ合う関門海峡。なかでも、双方の陸地が最もちかい関門橋がかかるあたりが、早鞆の瀬戸だ。

九州・門司側にある風師《かざし》山の山すそには高麗入江《こまのいりえ》（小森江）、百済浜《くだらはま》（葛葉）の古名がのこり、古来より半島の船が往来したことがわかる。

その風師山を背に、第七管区海上保安本部の管制塔が海峡を見おろしている。刻々とかわる海況変化を示す管制塔の電光表示は「W 7 ↑」。西流、流速七ノット、「今後強くなる」の意味だ。「潮速最高時九・四ノットが公式値ですが、電光表示では一〇ノットがでることもあり、それが実勢でしょう」と海洋情報部専門官・奥村雅之。

一日交通量六五〇隻。九州と本州のあいだの海の大動脈を、管制官が昼夜、見まもる。

古代航路での難所・関門海峡

本州側に、風師山に相対するように立つ火の山。その山腹が海に落ちこんだあたりが源平合戦で有名な壇ノ浦だが、義経の八艘《そう》飛びより七、八百年前（？）に、ここに新羅と熊襲の「連合軍」が攻めてきたと伝えられている。

壇ノ浦の瀬戸内側、下関市長府に忌宮《いみのみや》神社がある。書紀に記す仲哀天皇、神功皇后の「熊襲・三韓征伐」のときに設けられた豊浦宮の跡だとされる。「九州を真向こうに見すえる要衝の地」（『山口県神社誌』）だ。

こんもりと樹林がしげる境内には「豊浦皇居址《あと》」の石碑が立つ。書紀では「皇后、群卿（諸貴族）および百寮（百官）を率いて、穴門《あなと》豊浦宮に移りたまう」というから、ここに「天皇の島」の総本拠が一時的に設置されたことになる。

「穴門」は長門の古名だ。瀬戸内海側から見ると穴のように口をあけている関門海峡をあらわしてのことだろう。

その「穴」のむこうから、新羅・熊襲が攻めてきた。

神社の伝承では、新羅の鬼将軍が「熊襲を扇動して」豊浦宮に攻め寄せ、苦戦の仲哀がみずから弓を取って鬼将軍を射ちすえた。その首を埋めて石をおき、大和軍がまわりを回って戦勝を祝ったのが、社殿前にのこる「鬼石」だという。

その故事が、いまでも毎年夏、氏子たちが長い旗ざおをかかげて鬼石を回る奇祭・数方庭《すほうてい》にひきつがれている。つまり本州最西端で、新羅・熊襲に対する大和軍の戦勝祝いが千数百年もつづいてきたことになる。

やはり「天皇の島」からすると、九州はいまだに「熊襲の島」なのかもしれない。

新羅の鬼将軍はべつにして、古代より中央政権と九州が鋭く対立してきたのは確かだ。まつろわぬ隼人や熊襲、反乱する筑紫……。

ただ書紀は、「三韓征伐」のあと大和の航海神・住吉神が穴門にまつられたとしるす。下関市一の宮町にある住吉神社だ。そしてこの神社は、豊浦宮のように瀬戸内（周防灘）側ではなく、外海の響灘側に建てられている。しかも創建時の本殿は西が正面だった。つまり半島と九州の方を向いている。

いつのころか大和王権が九州に直接進出し、玄界灘へも乗りだしたことを、この神社が物語っている。

その時期は、いつごろなのだろうか。

手がかりは、新羅にたつ前の神功が「吉備臣《きびのおみ》の祖・鴨別《かものわけ》を遣わして、熊襲国を撃たしむ」と書紀にあることだ。神功の実在性は不確かだが、鴨別に相当する人物は実在したとみられている。

吉備王の墓・造山古墳（岡山市）の墳丘《ふんきゅう》にあった熊本・宇土産の阿蘇灰色石製の石棺は、宇土半島の鴨籠《かもこ》古墳の小型石棺と同じタイプのものだった。

造山の築造時期は五世紀前半、鴨籠は同なかごろ。鴨籠が九州に派遣された鴨別の子の墓とすると、そのころが鴨別が生きた時代と推測できる。

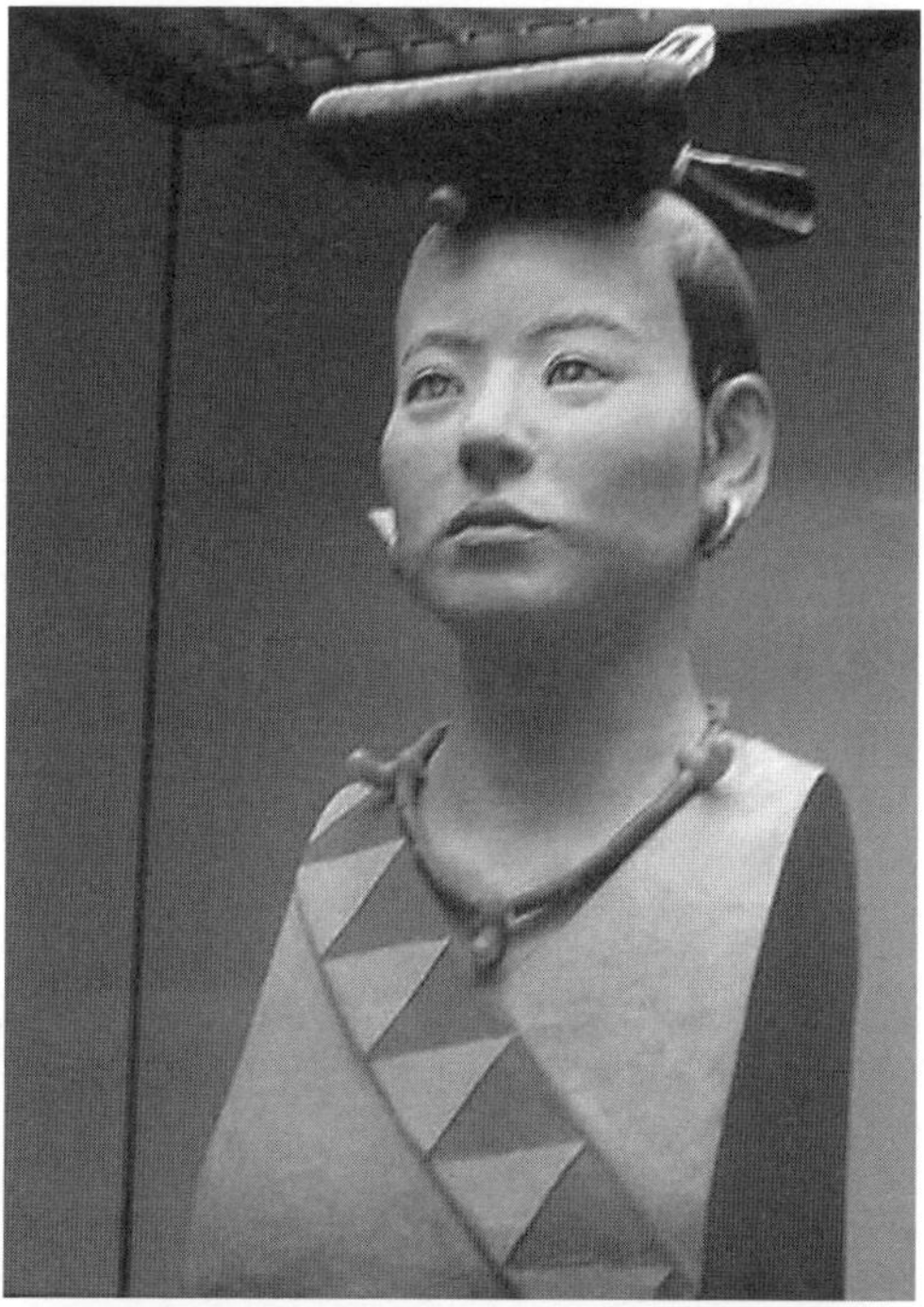

神花山古墳石室の若い女性の遺骨や副葬品から復元された「周防の女王」（平生町歴史資料館）

阿蘇灰色石石棺は、この時期に瀬戸内海にはいっていく。

*

周防灘の東端、室津半島のねもとにある山口県平生《ひらお》町。五世紀前半、ここに前方後円墳が集中して造られる。

墳頂に日本武尊《やまとたけるのみこと》をまつる神社がある白鳥古墳は本州の吉備より西

では最大の前方後円墳だ。しかも墳丘を三段に造成して全体を石で覆い、埴輪《はにわ》がならぶという大王陵なみの規格をもって海を見わたしている。

被葬者が若い女性だった神花山古墳など、平生周辺の海をのぞむ立派な前方後円墳は計四基。その時期は、ちょうど中国に使者をだした倭《わ》の五王の時代の前半期でもある。

じつはここは、のちに万葉で「熊毛浦」と歌われる。つまり大和王権の重要な津だった。「九州を治め、また半島に向かうため、大和王権はここを拠点としておさえたのでしょう」と平生町で文化財を担当する岩井浩治はいう。

九州の海・玄界灘にくらべると鏡のように静かな周防灘。それは大和王権にとっても、「静かな海」であったにちがいない。

◆——古墳—平安初期は「準構造船」

海には船だ。古代の船は丸木舟からだんだん進化していく。

縄文時代の丸木舟は出土例が多い。丸木舟は、例えば直径二メートルの木ではそれを半切するので横にしたときの舷高は一メートル弱。さらに丸木自身と乗る人の重みで沈むため実際の水面上の舷高は低く、外海では波が舷側に当たって水がはいってくる。それで「水船」となり、やがて沈没……。そこでつぎの弥生以降の人たちは丸木舟を船底とし、前後と両舷に板を継ぎ立てて波よけとした。

船底から板材を組み上げたあとの和船や帆船は「構造船」とよばれるが、船底は丸木舟で、その丸木舟に舷側板を立てた船を「準構造船」とよぶ。海事史上、単純な丸木舟と、造船技術が進化した千石船のような「構造船」のあいだに位置する船だ。

斉明船出の熟田津――伊予灘

月光が黒い海を照らし、銀色のさざ波が海面に躍る。海はすでに伊予灘だ。夜のフェリーの船上から見ると、水平線あたりに映った月が船についてきて、どこまでも追いかけてくるようだ。柳井（山口県）発、三津浜（松山市）行き。午前三時まで便があり、始発は朝の五時。夜中の往来は、フェリーにひしめくトラックが朝の市場に荷を運ぶためだろう。

船は明け方、ゆっくりと三津浜港にすべりこんだ。

夏目漱石と東京大学予備門（のちの一高）以来の親友だった正岡子規は松山に生まれ、若いころ、この三津浜の俳諧《はいかい》師に学んでこんな句を詠んでいる。

温泉《ゆ》上がりに三津の肴《さかな》のなます哉《かな》

温泉と津の町気分。さすがと思わせるが、その松山の津には、有名な額田王《ぬかたのおおきみ》作の万葉歌がある。

熟田津《にきたつ》に船乗りせんと月待てば潮もかないぬいまはこぎいでな

熟田津が松山のどこにあったか。邪馬台国論争のように地元で諸説ふんぷんだが、三津浜はその最有力候補地だ。

漱石の「坊っちゃん」以来、人気の道後温泉。湯殿本館の古風な建物がいっそうの情緒を誘うが、名作と温泉にひたる観光客も、本館の脇に鎮座している「玉の石」にはあまり気がつかないようだ。

いまの道後温泉のことが、書紀に「石湯《いわゆ》」と記されている。それは、むかし大国主命《おおくにぬしのみこと》が病気で昏睡《こんすい》状態となったスクナヒコナノミコトにここで湯あみさせたところ、たちまち立ち上がって石を踏み鳴らし、その石が湯のなかにあるという言い伝えからきている。いまは本館脇の「玉の石」が、その石だという。

ここは「温泉津」ともいわれ王族の高級リゾートであり、瀬戸内海を行き交う軍団の基地兼休養地でもあった。『伊予国風土記』（逸文）はこの温泉に、景行、仲哀と神功、聖徳太子、舒明、そして斉明と、その子の中大兄（のちの天智）、大海人（天武）皇子といった大和王権のそうそうたる人物がきたと伝える。

書紀には、斉明の御船が「熟田津の石湯行宮」に泊まったとしるされている。斉明は実在したことが確かな女帝だ。病弱だったのかたびたび温泉にでかけた舒明をのぞき、いずれも九州や半島にみずからおもむいたか、大和軍を派遣したとされる大王や摂政たちだ。この熟田津が王権にとっていかに政治的・軍事的に重要な津であったかがわかる。

聖徳太子研究家の哲学者・梅原猛は、聖徳太子の来訪は「筑紫に軍をだすための視察」だったとする。また斉明はここで半島への軍勢を整え、那の津に船出する。「熟田津に……」はそのときの歌だ。

熟田津の候補地の一つに、松山市郊外の堀江浜がある。浜を遠く見わたす丘のうえに、蓮華寺というちいさなお寺が立っている。石段を上っていくと、山門のかたわらに黒灰色の板石がおかれていた。ちょうど人が一人横たわれるような大きさ。そう、割れた石棺の底石だ。

松山市・蓮華寺に残された熊本・菊池産灰色石の石棺底部

石材は熊本・菊池川ぞいの阿蘇凝《ぎょう》灰岩《かいがん》灰色石。はるばる有明海から、一五〇〇年以上も前に渡ってきた石棺だ。

案内してくれた松山市考古館の梅木謙一。「いつのころか、ちかくの古墳から持ちだされたんでしょうが、それがどの古墳か。ちかくにはそれらしい古墳はないし……」

阿蘇灰色石棺は、阿蘇ピンク石棺が「大王家のひつぎ」として畿内に運ばれる前の五世紀代、瀬戸内海沿岸の七か所に運ばれる。それはその時期に、九州・有明の豪族が瀬戸内の豪族と海を通じて関係をもったことをしめしている。その豪族同士の交流による阿蘇石石棺の畿内流入が、「大王家のひつぎ」としての阿蘇ピンク石棺につながっていく。そして蓮華寺石棺は、九州以外の阿蘇石石棺としては最も西にある。

三津浜、堀江、そして「石湯」(道後温泉)――。この地にある阿蘇石石棺は、古代の大王が往来した熟田津が、大和と王権と九州の接点の役を果たしていたことを物語る。

さて、松山市街を一望に見おろす伊佐爾波岡《いさにはのおか》。足下に道後温泉があり、丘の真西が三津浜だ。そのむこうに伊予灘を隔てて九州がある。

「やっぱり熟田津は、三津浜か堀江あたりでしょう」。丘のうえにある壮麗な伊佐爾波神社で、大学で考古学を学んだ宮司の野口光比古はこういう。神社からすると、東に大和、西に九州。そのまんなかにある社殿は西向き。つまり三津浜と九州の方を向いている。

丘には、聖徳太子が湯をたたえた碑があったという。いまは行方不明だが、記録にのこる碑文は「日月は上より照らして平等に私事なし。神の湯は下より出《い》でて公平に恩恵を与う」。

丘を下りると、道後温泉の一階の湯殿は、その名も「神の湯」だった。

だれもいないその湯に一人つかると、ひたひたとした湯面が静かな海のように思え、のぼり立

妙見山古墳から伊予灘を望む

つ湯煙は海面にわく朝霧のように見えた。

その朝霧のなかをゆく古代の女帝のちいさな船団を、たゆとう湯面に描いてみた。

＊

もじゃもじゃの髪をひっかきながら胸をはり、大股を踏ん張って海を見おろすその姿は、あたかも瀬戸内の大海賊のような風がある。愛媛大学教授・下條信行（考古学）。

前夜、松山の居酒屋で彼が調査したしまなみ海道・能島（愛媛県今治市宮窪町）にある中世・村上水軍の海城の話を聞いた。「島全体が城でな、城の下につねに軍船をたくさんつないで事があるとすぐ出動できるようにしていたようだ。君もチョロチョロしとるとやられるぞ」と焼酎片手に怪気炎。

その下條に率いられて、しまなみ海道南側の四国本土、今治市大西町にある妙見山古墳に登った。村上水軍の時代から一〇〇〇年さかのぼる、さらなるタイムトラベルだ。

しまなみ海道をのぞむ標高八〇メートルの山腹。前方後円の墳丘が立派に復元され、堂々と海を見おろしている。これも〝大海賊〟が調査したものだ。

「一帯を支配して大和王権とつながった海の豪族の墓だ。見晴らしが抜群じゃろう」

急斜面を一気に登ったにもかかわらず、下條は息切れもせず平気な顔で遠くかすむ海と島々をへいげいする。

妙見山古墳は四世紀末の築造だが、六世紀にも大西や芸予の島々に古墳が造られる。その古代のしまなみ海道には、越智氏という豪族がいた。

いまの越智郡という郡名にその名をのこしている越智氏について、平安初期の『日本霊異記』におもしろいことが書かれている。天智天皇のときに半島の白村江で日本と百済遣臣軍が唐・新羅連合軍と戦って敗れたとき（六六三年）、越智直《おちのあたい》は唐の捕虜になってしまった。しかしその後、唐軍から逃れて自分で船を造り、半島から帰ってきたという。

警戒網を突破して脱走する果敢さ、船を造る才覚、玄界灘を越える能力。やはり海賊、いや海の豪族の面目躍如というものだろう。

越智氏の子孫とされるのが「伊予の海武士団」と恐れられた中世の河野《こうの》氏だ。全国に散らばる河野姓の発祥とされる河野氏は、源平合戦に水軍を率いて源氏側で参戦、九州・松浦水軍が加わった平家側と屋島や壇ノ浦で戦った。その功績で守護大名となった河野氏から独立し、瀬戸内海の覇権を握ったのが村上水軍ということになる。

しまなみ海道に脈打つ水軍の系譜。妙見山古墳の被葬者はその元祖ということだろうか。

◆――女帝と太子

熱田津から船出したという斉明女帝は、まず皇極として即位し、一度退位して再即位している。七―八世紀は推古、皇極―斉明、持統、元明、元正、孝謙―称徳（孝謙の再即位）と「女帝の世紀」だ。母系的性格がまだ色濃い古代王朝では、后《きさき》の出身氏族が権勢をふるって大王家と争いがたびたび起こり、双方の妥協をはかるため氏族系后・皇女がついだという事情があるようだ。

また、熟田津にきたという聖徳太子には、その「聖人伝説」は虚構だとする説がでている。書紀に記載された十七条憲法などにみられる漢書典籍への理解水準が七世紀末のもので、在世していた七世紀前半にはとても考えられないということがその根拠だ。たしかに八世紀前半に編纂《へんさん》された書紀には、後世のものとみられる事績を古い天皇の代にちりばめた例が多くみられるのは事実だが、飛鳥時代に厩戸王という人物が斑鳩宮《いかるが》にいて法隆寺を建立したのは史実とされる。推古朝に英明な摂政太子がいたことはたしかなようだ。

瀬戸内の交易拠点――備後灘

鞆《とも》の浦（広島県福山市）には民俗学者・宮本常一がのこした名文がある。

「鞆の港の丘のうえに立って見ると、この町の古き繁栄がしのばれる……　倉や民家のならぶせまい路地をぬけて海のほとりにでたり、やや高いところへあがって町を見おろしたりしていると、この町のすぎこし方がいろいろ思いめぐらされてくる。そしてそこに長い歳月と、民衆のねっぱっこいエネルギーを感ずるのである」

広島県福山市の半島突端のちいさな湾。沖に浮かぶ仙酔島と瀬戸内海を見晴らす風光明媚な景色のなかに、備後・鞆の浦はある。

瀬戸内海の東西の中心にポツンとのこされたこの古き港。文化年間（一八〇四－一七年）築造の雁木《がんぎ》とよばれる石造りの階段岸壁がむかしながらに船を迎え、中央に立つ常夜灯の石塔は一五〇年ちかくも港のにぎわいを見守ってきた。

港の奥には江戸時代の建物を中心とした古い商家や船具屋がならぶ。そうしたたたずまいが、鞆の浦にはある。

九州から瀬戸内海へと港町を訪ねてきたなかで、これほどうっとりするような風情をのこした港は、鞆の浦をおいてほかにない。

朝鮮通信使の定宿だった「対潮楼」、江戸の才人・平賀源内をまつるほこら、海援隊を率いて投宿した坂本竜馬の記念館。街角にのこる古い事跡は、さまざまな文化とエネルギーがこの鞆のちいさな空間に行き交ったことをしめしている。

海の交易地・鞆の浦について宮本はもうひとつ書き記している。「兵庫とともに船釘のおおきな産地であった」と。それは鞆鍛冶《ともかじ》とよばれた鍛冶集団のことだ。

船釘は和船造りにはかかせない。少し前までは船道具の鉄製品を満載した鞆の船が瀬戸内海を「海の行商」に回っていた。

江戸時代からの湊のたたずまいがのこる鞆の浦にはいる古代船「海王」

宮本は「産地であった」と過去形で書いているが、いまでも船釘やいかりは鞆の特産品だ。二〇〇四年、福岡・志賀島の和船大工・藤田清人が「大王のひつぎ実験航海」の古代船「海王」を建造するとき、その船釘を鞆から取り寄せている。

古代の物品税「調」にはその地の特産品をだしたが、この地方は鍬《くわ》や鉄地金を朝廷に納めていた。福山市教育委員会文化課の戸田和吉は「中国山地の砂鉄を原料として製品化し、陸と海の接点である鞆の産業となったのでしょう」という。

鉄と塩の生産は、古代吉備王国の繁栄を支えた。吉備西部（備後）の鞆の浦ちかくにも六世紀の前方後円墳があり、そこから鉄器の副葬品が見つかっている。

鞆の浦から玉島（岡山県倉敷市）にかけては、古代の阿蘇石石棺にとって重要な地域だ。九州に派遣された吉備の王族・鴨別《かものわけ》の本拠地だったところだからだ。書紀・神功紀では鴨別は「熊襲征討」のため派遣されたとされるが、こ

今でも路傍に残る「吉備津」の標石

のことが吉備王の墓・造山古墳（岡山市）と熊本・宇土半島の鴨籠《かもこ》古墳から見つかった同じタイプの阿蘇灰色石石棺と関係するとみられている。鞆の浦から玉の浦（玉島）のあいだが、その鴨別の本拠地だった笠岡市や浅口市鴨方町だ。

万葉に歌われた「玉の浦」の地とされる玉島。工業地帯として大規模に埋め立てられた水島湾の西側、海とのあいだの細長い水道の奥に、古い玉島港の一角がわずかにのこされていた。

「むかしは高梁《たかはし》川河口の島だったところで、吉備中心部からすると、西の出入り口にあたる津でしょう」と倉敷市埋蔵文化財センター館長の岡本明はいう。

その玉島から高梁川をさかのぼると、その東岸ちかくに造山古墳がある。墳丘に一五〇〇年以上前に海を渡ってきた阿蘇灰色石石棺。九州からの長い航海を経て、ようやくここへたどり着いたのだ。火の国から吉備までの有明海、東シナ海、玄界灘、瀬戸内海。それはどんな旅だったのだろう。

◆——鞆の浦「日本一の景勝」

古代から有名な津だった鞆の浦には柿本人麻呂、大伴旅人、遣新羅使や遣唐使が泊まり、多くの万葉歌がのこされている。

海人《あま》小舟帆かも張れると見るまでに鞆の浦廻《み》に波立てり見ゆ

「漁師の舟が帆を張っているのかと見まちがうように、浦全体に白波が立っているのが見える」という意味だ。

江戸時代の朝鮮通信使は、鞆の浦の景色を日本で一番の景勝とたたえ、「日東第一形勝」と記した扁額《へんがく》を定宿だった対潮楼にのこしている。

玉の浦にも天平八（七三六）年の遣新羅使の歌が万葉にある。

ぬばたまの夜は明けぬらし玉浦に求食《あさり》する鶴鳴き渡るなり

こちらは「暗い夜が明けた玉の浦に、エサを求めに来た鶴の鳴き声がひびきわたる」との意味。出発する日の早朝の情景を歌ったものだろうか。

「竜山石王朝」で——播磨灘

牛窓《うしまど》は古代からの津、そして船大工の町として有名だ。岡山県瀬戸内市牛窓町。そこから、多くの人が「木山働き」で九州と往来した。

和船造りでまず重要なのは船材木の吟味。日向（宮崎）や肥後（熊本）の山にそれに最適の木があった。

「日向弁甲《べんこう》」といわれる杉だ。比重がちいさく浮力がおおきい。乾燥しても節が抜けず穴が開く心配はない。樹脂が多く水に強い。そして強靭《きょうじん》でクギ締まりがいい。

この杉を求めて、牛窓の材木商は人々を雇って九州で木山働きをさせた。なかにはそこで死んだ人もいて、延岡や人吉に「備前国牛窓」と彫りこんだ江戸時代の墓石が立っているという。

船大工の町。例えば江戸末期の平兵衛という棟梁《とうりょう》は、一五〇人の船大工と三〇〇人の木挽《こび》き職人をかかえていたという。

いまでは現役を退いた牛窓船大工の棟梁・草井格。「九州の弁甲材を船が積んできて、そりゃにぎわった。四国や瀬戸内から修業にきた船大工がそれでいい船を造り、国に帰って棟梁になったんじゃ」

その牛窓から陸地を北にはいると、同じく合併で瀬戸内市となった長船町《おさふねちょう》だ。こちらは「鍛冶《かじ》屋千軒」といわれた、中世以来の刀鍛冶の町。

町の西に、「七つの口（往来口）あり」とされ、吉備と播磨のあいだの交通の要所だった福岡庄がある。鎌倉時代にここに居を構えた刀鍛冶集団が豪壮な刀を作って「福岡一文字派」とよばれたことが、その後の備前長船銘刀剣の伝統につながる。

その一角の妙興寺で、土地の人が「九州で大名になりはった家のお墓じゃわあ」という黒田家墓所が苔むしていた。筑前福岡藩の藩祖・黒田官兵衛（如水）の祖父らがそこに眠っている。官兵衛は、家康に封じられて博多の西の丘陵ぞいに構えた城と城下町に、出身地の「福岡」の地名をつけた。その場所は大和朝廷の外交施設・鴻臚館があったところでもある。

奇妙な偶然としかいいようがないが、船材木の交易や黒田官兵衛によって、たまたま九州とむすばれたこの瀬戸内の一点が、古代にも九州とつながっていた時期がある。

長船町・築山古墳の阿蘇ピンク石石棺。それは一五〇〇年前に九州から渡ってきて、いまでもポツンと墳頂にのこっている。石棺と同時期、牛窓湾のまわりに集中して前方後円墳があらわれる。五世紀後半、吉備が雄略大王に攻められた河内王朝末期。継体王朝への時代のかわり目の時だ。

＊

西の小豆島と東の淡路島のあいだが播磨灘。牛窓の沖が小豆島だが、弓状を描く播磨灘北岸ぞいのほぼ中央に御津《みつ》（兵庫県たつの市御津町）の港がある。大阪湾とはすでに至近距離だ。御津の地名は朝廷の泊地だったからで、万葉集や『播磨国風土記』にその名がのこっている。だがそこにも肥後（氷川流域）産阿蘇灰色石の石棺がひとつある。地元の朝臣一号墳からでた舟形石棺だ。

「子供たちにこれは大昔に九州からきたんやというと、『えー、なんでや』と驚くんですよ」。考古学が専門の御津公民館長・芝香寿人は、四十数年前に山上から掘りだされて資料館におかれた石棺を見ながら自分でも不思議そうだ。

御津の石棺。手前の突起は半欠けだが43ページ図3中央の型式だ

播磨は「石棺の国」といわれるが、東部の加古川河口域には阿蘇ピンク石の時期を除いて「大王家のひつぎ」となった竜山石《たつやまいし》の産地があり、竜山石石棺があふれているからだ。だが芝は「御津のある揖保《いぼ》川水系域に竜山石棺はほとんどない」という。牛窓をふくめ西の吉備には竜山石棺が多くはいっているのに、ここだけ異質だ。蓋《ふた》しかのこっていないひとつの九州の阿蘇石石棺は、この地域の「独自性」を物語るのだろうか。

その石棺の様式は、吉備に西から阿蘇石棺がはいるより早い五世紀はじめのころのものだという。海を渡った一一の阿蘇灰色石石棺としては二番目の古さだ。大和王権と吉備王国のはざま。その海に、遠く肥後と孤立的に連携する独自の力をもつ豪族がいたのだ。

司馬遼太郎の小説に「播磨灘物語」がある。父とともに福岡庄から播磨にでた官兵衛が、播磨をおさえる小寺氏の家老となって東の信長、西の毛利とのはざまで揺れる主家をたくみに操り、ついで毛利攻めなど秀吉のもとで軍師としての腕をふるう話だ。

古代、そして戦国の陣取り合戦。大和王権、信長といった時代を超え、畿内で政権を握る者にとって、この播磨は、西に対する最後の防衛線として重要であっただろう。そこに阿蘇石石棺という〝くさび〟が打ちこまれていた。

*

伝統的大和王権の「ひつぎ」となった竜山石の産地・加古川。

河口西岸の高砂市竜山地区を中心に凝灰岩《ぎょうかいがん》の岩層がある。住宅街のなかに竜山石岩層の断崖がつらなり、九州でいえば鹿児島のシラス台地と住家のとりあわせと似ていなくもない。

畿内の古墳研究を専門とする考古学者たち、なかでも石棺を得意とする人が必ず訪れるところがここにある。いまはこんもり茂ったむかしの石切山の中段にある「石の宝殿」だ。

なぜ宝殿といわれるかというと、一辺が六メートルはあろうかという巨大な方形の石塊の横側に、三角形の屋根のような形が彫りだされているからだ。それを立てれば、まさしく「石の宝殿」になるのである。重さ五〇〇トンはあろうかという竜山石の「宝殿」だ。

岩層をおおきく彫り抜きながら、そのまんなかに石の塊をのこして横倒しの宝殿石に仕上げていったと思われるが、残念ながらまだ岩層から完全には切りはなされずに作業途中で終わっていた。

倉敷考古館長の間壁忠彦は、この石の宝殿を竜山石が大王家のひつぎに使われたころの遺産とみている。それに物部氏が関与したとみて「物部守屋と石の宝殿の関係を洗う」（『日本史の謎・石宝殿』）と追及したが、守屋との直接的関係はなさそうだった。だが三〇年にわたって石棺を研究してきたこの専門家が、物部氏＝竜山石棺とみているのは、そのとおりなのだろう。

さて高砂から加古川を東に渡った対岸、加古川市にも竜山石の石切り場が点在する。古代の階段状に切りだした石切場を、『播磨国風土記』は「神々が石段を上り下りした」としているという。

加古川市教育委員会文化財調査研究センター所長・岡本一士は、川ぞいにならぶ古墳の話をしたあとこういった。「畿内は明石海峡の東からといわれていますが、私はこの加古川の東からが畿内だったと思うんです」

だとすると九州から発したこの旅も、すでに畿内にはいったことになる。明石海峡が目前にせまってきた。

◆――畿内は特別行政区

畿内は、もともとは大化二（六四六）年の改新の詔《みことのり》で範囲を定めた特別行政区だ。大和（奈良）、山城（京都）、摂津（大阪北部・兵庫東部）、河内（大阪南部）で、のちに河内からわかれた和泉もふくむ。いまの「近畿地方」は、畿内およびそれにちかい地方ということで、そうよば

明石海峡を抜ければ，いよいよ大阪湾だ

れている。加古川市教育委員会・岡本の「畿内論」はもちろんこうした線引きではなく、実勢的テリトリーとしての畿内の範囲をいっているのだろう。

　ただ、大和王権まぢかの海だけに播磨灘の津浦は古代の記録によくのこされている。西は吉備と播磨の接点となる牛窓浦だが、中央部の揖保川河口付近には「御津」と「室泊《むろのとまり》」があった。室泊は河口から西に少しはなれた岬の先の御津町・室津港だが、御津は同町内のより河口ちかくとみられている。

　加古浦とよばれた加古川河口にあった「水《か》児《この》船瀬」は竜山石の積みだしの津ともされる。大阪湾への入り口の明石海峡には、いまの明石市・明石川河口に「明石浦」があった。河口付近が多いのは平野部からの河川水運との関係だろう。

王権の津——大阪湾

大阪湾ぞいには、「河内王朝」の時代とされる四世紀末—五世紀代の古墳が多い。日本最大の仁徳陵、同三位の履中陵が堺市の海岸ちかくから大阪湾をのぞんでいる。百舌古墳群だ。

湾の西からの入り口、明石海峡からはいったところには、海峡と大阪湾の双方を見晴らす場所に五色塚古墳がある。全長二〇〇メートルちかくの大王陵級の古墳で、大和王権の瀬戸内航路の出入り口をおさえた海臣の墓だろう。

岸辺のあちこちから大王陵や大古墳がにらんでいる大阪湾は、まさに王権の海とよぶにふさわしい。

大和王権の海の神様、住吉三神をまつる住吉大社（大阪府住吉区）は、天王寺から仁徳陵がある堺にいく途中の道筋、阪堺《はんかい》電軌の路面電車通りぞいにあった。大鳥居から参道にはいると、おおきな石灯籠がならんでいて、その基壇に彫られた寄進主たちの名がいやが応でも目につく。「大坂魚問屋　魚仲賣《う》り」「大坂材木大問屋」「天道船持中」「上荷船茶船中」……。祭神は海の神様なのだが、参道に連なる問屋や船荷組合の名を見ていると、大阪の人たちが祈願するのは航海安全というより、港での商い、つまりは商売繁盛なのだろうと思ってしまう。そういえば古代史学者・直木孝次郎が住吉神を「港の神様でもある」と書いていたのを思い出す。

海峡上から見た五色塚古墳

古代・住吉津《すみのえのつ》の地に鎮座する住吉神は、大社に神功皇后もまつっているように皇后の「三韓征伐」つまり熊襲・新羅征討のときに守護神となったことから王権にあつくまつられるようになったといわれる。日本三大住吉社とされるのが、この大社と下関、博多の住吉神社というから、この旅でみてきた熊襲・新羅や筑紫君磐井の征討といった王権にとって重大な軍事的局面に関係した津に「三大社」がおかれたのだと思える。

住吉津とともに、倭国の外交港として栄えた難《なに》波津《わ》がある。

住吉大社付近の古い地名は「長岡」。大阪の自然地形を見ると、そこから北へ約九キロの大阪城あたりまで「上町台地」とよばれる細長い丘がのびている。むかしは台地の東側はおおきな入り江(河内湖)、西側が大阪湾の波打ち際だった。つまり岬のようなもので、その先に砂洲《さす》がのびてさらに入り江と大阪湾のあいだをさえぎっていた。東の入り江には北から旧淀川、南から旧大和川が流れこみ、長雨が降ると一帯は浸水した。

書紀・仁徳紀は、岬の先端付近に高津宮を構えた仁徳大王が、それを解消するため「宮の北を掘りて、南の水を引きて西の海にはいる。名づけて堀江という」とするす。東南側の入り江の水を大阪湾にだす水路。その「難波堀江」の西南岸、いまの御堂筋の高麗橋から道頓堀あたりが難波津だったとされる。

近年、一棟の長さが一〇メートルもある五世紀後半の大型倉庫跡一六棟が大阪城のちかくで見つかった。発掘した大阪市文化財協会の南秀雄は「規模や規格性から大和王権の施設とみられ、大阪湾と淀川・大和川（入り江側）の双方からの見栄えを考え、台地の一番高いところに建てられていた」という。岬にそびえる壮大な倉庫群。それはまさに「大王の津」の象徴でもあっただろう。

書紀の記述から、住吉に大伴金村《おおとものかなむら》、難波に物部守屋《もののべのもりや》の邸宅があったことがわかる。継体後の欽明元年、「難波祝津宮」で物部守屋が大伴金村の継体時代の任那四郡（朝鮮半島南部）割譲を外交上の失敗として弾劾し、金村は住吉の宅にこもってしまい引退する。

「物部の本拠は大和川下流で、それが河内湖をへて注ぐ難波津に根拠をもっていた。住吉津を根拠にしていた大伴が、大和川から難波にかけて根拠とした物部勢力に圧倒されて失脚したとの見方もできる」。直木孝次郎の説だ。

その守屋の難波の邸宅に五八七年、推古女帝の子・竹田皇子、厩戸（聖徳太子）らが率いた物部討伐軍が攻めこみ、守屋を殺す。この戦争は蘇我馬子の発動だったが、その馬子も難波に邸宅を構える。どうやら、住吉津から難波津へが時代の趨勢《すうせい》であったようだ。

聖徳太子はこの物部討伐戦争のときに戦勝を四天王に祈願して、攻め滅ぼした守屋邸跡に最初の四天王寺を建立した。推古即位の五九三年に難波と住吉のほぼ中間に移築したが、それがいまの四天王寺だ。

この寺の南大門のところに、たたみ一畳大の阿蘇ピンクの板石が「熊野権現礼拝石《らいはいせき》」としておいてあるが、それがなになのかはまだわからない。

五重塔にのぼってみた。海は見えないが、女性たちの話し声が聞こえた。「むかしは大阪湾が見えたんや。太子はんが海から堂々とお寺が見えるように建てはったんよ」

その海は、九州から阿蘇ピンク石棺を運んできた古代「大王家のひつぎ」船団が入港した海でもある。

大阪南港からぼんやりと海を見ると、湾のむこうに淡路島の島影がかすんでいた。

日本列島の島々ができていくイザナキ、イザナミの国生み神話では、まず淡路島が最初に「生まれ」る。

直木孝次郎が「イザナキ、イザナミをまつる神社は淡路島を中心に大阪湾沿岸に存在し、大阪湾と関係が深い神話である」とするように、日本創世のこの物語は、淡路島の海人たちの伝承が原形だったといわれる。

そして、その国生みの順は、ついで二名《ふたなの》島（四国）、隠伎之三子《みつごの》島（隠岐島）、筑紫島（九州）、壱岐、対馬、佐渡、大倭《おおやまと》豊秋津島（本州）とつづき、さらに吉備児島、小豆島、大島（周防大島）、女《ひめ》島（大分・姫島）、知訶《ちかの》島（長崎・五島）、両児《ふたご》島（同・男女群島）となる。

それは、眼前の大阪湾から瀬戸内海を西にゆき、または琵琶湖から日本海にでて九州へ、そして朝鮮半島・中国へと渡る航路にそった陸地や島々だ。つまり国生み神話は、本州をのぞき、大和王権が筑紫島や半島航路をその支配下においていく過程をあらわしているのではないか。そう思えた。

岸壁に立ち、たどってきた海道をふりかえると、まさに九州のかなたに日が没しようとしていた。

淀川河口の夜は活気ある光に満ちていた

参考文献

辞典・事典

『国史大辞典』1－15巻（吉川弘文館）
米田雄介編『歴代天皇・年号事典』（吉川弘文館、二〇〇三年）
江上波夫・上田正昭・佐伯有清監修『日本古代史事典』（大和書房、一九九三年）
武光誠・菊池克美編『古事記・日本書紀事典』（東京堂出版、二〇〇六年）
石田尚豊編集代表『聖徳太子事典』（柏書房、一九九七年）

原典関係

倉野憲司校注『古事記』（岩波書店）
坂本太郎ら校注『日本書紀』一－四巻（岩波書店）
佐々木信綱編『万葉集』上巻（岩波書店）
秋本吉郎校注『日本古典文学大系・風土記』（岩波書店、一九九三年）
関晃・井上光貞・児玉幸多編『史料による日本の歩み・古代編』（吉川弘文館、一九六〇年）
直木孝次郎・西宮一民・岡田精司編『鑑賞日本古典文学第2巻　日本書紀・風土記』（角川書店、一九七七年）
上田正昭・岡田精司ら『エコール・ド・ロイヤル古代日本を考える16「古事記」と「日本書紀」の謎』（学生社、一九九二年）

文献史学＝王権、王朝、氏族

大橋信弥『日本古代の王権と氏族』（吉川弘文館、一九九六年）
大橋信弥『日本古代国家の成立と息長氏』（吉川弘文館、一九八四年）
山尾幸久『古代王権の原像』（学生社、二〇〇三年）
高寛敏『倭国王統譜の形成』（雄山閣、二〇〇一年）
成清弘和『日本古代の王位継承と親族』（岩田書院、一九九九年）
上田正昭編『古代の日本と渡来の文化』（学生社、一九九七年）
和田萃『大系日本の歴史2　古墳の時代』（小学館、

一九八八年）
門脇禎二『古代日本の「地域王国」と「ヤマト王国」』上・下巻（学生社、二〇〇〇年）
塚口義信『ヤマト王権の謎をとく』（学生社、一九九三年）
上田正昭・門脇禎二・直木孝次郎ら『エコール・ド・ロイヤル古代日本を考える13　日本古代王朝と内乱』（学生社、一九八九年）
門脇禎二・直木孝次郎ら『エコール・ド・ロイヤル古代日本を考える9　古代日本の豪族』（学生社、一九八七年）
田名網宏『古代の交通』（吉川弘文館、一九九五年）

文献史学＝倭の五王、継体、欽明、推古朝

山尾幸久「王朝交替説と『日本書紀』」（『東アジアの古代文化』105号、大和書房、二〇〇一年）
鎌田東二「聖徳太子の原像とその信仰」（同前書）
井上辰雄「二つの『ワカタケル』の鉄剣銘」（同110号、二〇〇二年）
李永植「『任那日本府』を通じてみた六世紀の加耶と倭」（同前書）
李鎔賢「任那と日本府の問題」（同前書）
大和岩雄「吉備と大和と初期ヤマト王権」（同112号、二〇〇二年）
直木孝次郎「河内政権論について」（同117号、二〇〇三年）
坂本義種「倭の五王の外交について」（同前書）
鈴木靖民「継体の王位継承とその性格」（同前書）
山尾幸久「『任那日本府』の二、三の問題」（同前書）
森博達「聖徳太子伝説と用明・崇峻紀の成立過程」（同122号、二〇〇五年）
井上光貞『飛鳥の朝廷』（講談社、二〇〇四年）
門脇禎二『新版・飛鳥』（日本放送出版協会、一九七七年）
川勝守『聖徳太子と東アジア世界』（吉川弘文館、二〇〇二年）

文献史学＝吉備と筑紫

門脇禎二『吉備の古代史——王国の盛衰』（日本放送出版協会、一九九二年）
吉田晶『吉備古代史の展開』（塙書房、一九九五年）
田中正日子「筑紫君磐井の時代の筑紫」（『岩戸山歴史資料館・古代を考えるシンポジウム』資料）

長洋一「那津官家」（福岡市埋蔵文化課・埋蔵文化財センター共催講座）

文献史学＋考古学＝継体時代と対外関係

越まほろば物語編纂委員会編『継体大王の謎に挑む』（六興出版、一九九一年）
枚方市文化財研究調査会編『継体大王とその時代』（和泉書院、二〇〇〇年）
高槻市教育委員会編『継体天皇と今城塚古墳』（吉川弘文館、一九九七年）
宇治市教育委員会編『継体王朝の謎――うばわれた王権』（河出書房新社、一九九五年）
田村圓澄・小田富士雄・山尾幸久『古代最大の内戦――磐井の乱』（大和書房、一九九八年）
山尾幸久『筑紫君磐井の戦争』（新日本出版社、一九九九年）
原田大六『磐井の叛乱――抹殺された英雄』（河出書房新社、一九六三年）
李熙濬「5・6世紀の加耶」（八女市教育委員会『岩戸山歴史資料館・古代を考えるシンポジウム』資料）

考古学＝古墳時代

『「天皇陵」総覧』（新人物往来社、一九九三年）
広瀬和雄・宇垣匡雅ら『古墳時代の政治構造』（青木書店、二〇〇四年）
都出比呂志『古代国家はこうして生まれた』（角川書店、一九九八年）
近江昌司ら『倭王と古墳の謎――ヤマトと東国・九州・東アジア』（学生社、一九九四年）
和田晴吾「見瀬丸山・藤ノ木古墳と六世紀のヤマト政権」＝『情況』別冊『日本の古代をひらく』（情況出版）
伊達宗泰『「おおやまと」の古墳集団』（学生社、一九九九年）
網干善教『古代の飛鳥』（学生社、一九八〇年）
宇野愼敏『九州古墳時代の研究』（学生社、二〇〇三年）
熊本古墳研究会10周年記念シンポジウム資料集『継体大王と6世紀の九州――磐井の乱前後の列島情勢に関連して』（熊本古墳研究会、二〇〇〇年）
松木武彦「『造山・作山』以降の吉備」（前掲『東アジアの古代文化』112号）

考古学＝関係古墳、副葬品、遺跡

森田克行「今城塚古墳と埴輪祭祀」（前掲『東アジアの古代文化』117号）

『植山古墳・発掘調査成果概要』（橿原市教育委員会）

吉澤則男「大阪府羽曳野市峯ケ塚古墳の調査とその石棺」（第7回九州前方後円墳研究会・第1回石棺文化研究会資料『大王のひつぎ海を渡る』九州前方後円墳研究会・石棺文化研究会、二〇〇四年）

濱口和弘「奈良県橿原市植山古墳の調査とその石棺」（同前書）

『大野窟古墳調査について』（氷川町教育委員会）

白石太一郎監修・玉名歴史研究会編『東アジアと江田船山古墳』（雄山閣、二〇〇二年）

『復刻増補・江田船山古墳』（熊本県玉名郡菊水町）

東京国立博物館編『江田船山古墳出土・国宝銀象嵌銘大刀』（吉川弘文館、一九九三年）

『高下古墳調査報告』（国見町教育委員会）

唐津湾周辺遺跡調査委員会編『末盧国——佐賀県唐津市・東松浦郡の考古学的調査研究』（六興出版、一九八二年）

宇野愼敏「日本出土冠帽とその背景」（乙益重隆先生古稀記念論文集『九州上代文化論集』、同刊行会、一九九〇年）

大村雅夫「後期～終末期古墳と金銅製冠」（『新修・米子市史』第一巻、米子市教育委員会、二〇〇三年）

近藤義郎『楯築弥生墳丘墓』（吉備人出版、二〇〇二年）

『鹿部田渕遺跡現地説明会——大型建物群について』（古賀市教育委員会）

『比恵遺跡群第72次調査概要・比恵29』（福岡市教育委員会）

考古学＝石棺と石室

和田晴吾「棺と古墳祭祀（2）——『閉ざされた棺』と『開かれた棺』」（『立命館大学考古論集』同論集刊行会）

間壁忠彦『石棺から古墳時代を考える』（同朋舎出版、一九九四年）

間壁忠彦・間壁葭子『日本史の謎・石宝殿』（六興出版、一九七八年）

増田一裕「近畿、中・四国の家形石棺」（前掲『大王のひつぎ海を渡る』）
蔵富士寛「九州の家形石棺」（同前書）
高木正文「死者の記念――横穴墓に付属した棚状施設の機能」＝『肥後考古』13号（肥後考古学会）
高木恭二「古墳時代の交易と交通」（『考古学による日本歴史9』雄山閣、一九九七年）
高木恭二「石棺を運ぶ」（前掲『東アジアの古代文化』50号、一九八七年）
高木恭二「石棺式石室と肥後」（『古代の出雲を考える8』出雲考古学研究会）
高木恭二「鴨別と鴨籠」（『Museum・Kyushu』21号、博物館等建設推進九州会議）
渡辺一徳・高木恭二「古墳時代石棺材としての阿蘇溶結凝灰岩」（『熊本大学教育学部紀要』38号、熊本大学教育学部）
高木恭二・渡辺一徳「石棺研究への一提言――阿蘇石の誤認とピンク石石棺の系譜」（『古代文化』42号、古代學協会）
藤本貴仁「宇土半島馬門付近における石切場の調査」（前掲『大王のひつぎ海を渡る』）
『馬門石切場跡発掘調査について』（宇土市教育委員会）
『宇土市埋蔵文化財調査報告書27集・轟貝塚・馬門石石切場跡』（宇土市教育委員会）

考古学＝朝鮮半島

西谷正「韓国の前方後円墳をめぐる諸問題」（『朝鮮学報』179輯、朝鮮学会、二〇〇一年）
東潮「倭と栄山江流域」（同前書）
朴天秀「栄山江流域における前方後円墳出現の歴史的背景」（前掲『東アジアの古代文化』117号）
朴天秀「栄山江流域と加耶地域における倭系古墳の出現過程とその背景」（『熊本古墳研究』創刊号、熊本古墳研究会、二〇〇三年）
白石太一郎「二つの古代日韓交渉ルート」（同前書）
『古代アジアにおける倭と加耶の交流』（国立歴史民俗博物館、二〇〇四年）
古城史雄「有明海沿岸の横穴式石室と韓半島の横穴式石室」（同前書）
高田貫太「垂飾付耳飾をめぐる地域間交渉」（同前書）

地域史

安達武敏「火の国の起源」（『史叢』8号、熊本歴史

研究会）
『高島町の歴史』（滋賀県高島町、二〇〇三年）
景浦勉『伊予の歴史・上』（愛媛文化双書刊行会、一九九五年）
『熟田津論考』（愛媛県文化振興財団、一九八二年）
藤井駿先生喜寿記念会編『岡山の歴史と文化』（福武書店、一九八三年）
『牛窓町史』牛窓町
山口徹編『街道の日本史42　瀬戸内諸島と海の道』（吉川弘文館、二〇〇一年）
丸山雍成・長洋一編『街道の日本史48　博多・福岡と西海道』（吉川弘文館、二〇〇四年）
松本寿三郎・吉村豊雄編『街道の日本史51　火の国と不知火海』（吉川弘文館、二〇〇五年）
小川国治編『山口県の歴史』（山川出版社、一九九八年）
『山口県神社誌』（山口県神社庁、一九九八年）

海事・海域史

松枝正根『古代日本の軍事航海史』中巻（かや書房、一九九四年）
千田稔『王権の海』（角川書店、一九九八年）
千田稔『海の古代史』（角川書店、二〇〇二年）
石野博信『古代の「海の道」』（学生社、一九九六年）
河内厚郎編『大阪と海・二千年の歴史』（東方出版、一九九七年）
森浩一・網野善彦ら『瀬戸内の海人たち』（中国新聞社、一九九七年）
松原弘宣『古代国家と瀬戸内海交通』（吉川弘文館、二〇〇四年）

読売新聞社撮影写真（ページ順）

○＝西部本社写真部・中司雅信撮影
◎＝大阪本社機より中司撮影
□＝大阪本社写真部撮影
▽＝西部本社写真部撮影
＊＝筆者撮影

グラビア
○阿蘇ピンク岩層露頭　＊岩戸山古墳と石人像　◎継体大王陵・今城塚古墳空撮　○鴨籠古墳石棺

プロローグ
○有明海と雲仙普賢岳

大王陵での発見
◎継体大王陵・今城塚古墳空撮　＊阿蘇ピンク岩層と高木恭二氏　＊今城塚古墳　○植山石棺と濱口氏　○長持山石棺　○大王のひつぎ実験航海・有明海をゆく古代船

允恭から継体へ
＊仁徳天皇陵　＊宇土馬門石石切場遺跡　□太田茶臼山古墳空撮　○未多君の墓　○武寧王のひつぎ　＊山津照神社古墳

吉備王国と火の国
○築山古墳の阿蘇ピンク石棺　○鴨籠古墳の石室　○造山古墳前方部の石棺　○吉備王の墓・造山古墳空撮　○倉敷考古館の埴輪棺　＊高梁川河口域　○楯築の立石　＊築山古墳石棺

継体王朝の謎
＊琵琶湖夕景　＊山津照神社古墳の絵図　○継体大王石像　＊椀貸山古墳　○久米田神社　○光州の前方後円墳　○武寧王陵出土棺材　＊海を見る長鼓山古墳　＊八女古墳群出土金製耳飾り　○岩戸山古墳空撮　○装飾壁画と石屋形　＊筑紫津神社　◎淀川と芥川空撮　○欽明陵・丸山古墳　＊おおやまと古墳群　＊履中天皇陵　○今城塚古墳に日がおちる

飛鳥宮廷戦争
○薬師寺の伎楽　○四天王寺の阿蘇ピンク石　○石舞台古墳　○東光寺剣塚古墳　○糸島半島の岸辺　＊大野窟古墳石室の石棺と石棚　◎大和三山に囲まれた飛鳥　○阿蘇ピンク石塊

海道をゆく
○瀬戸内海をゆく古代船「海王」　○平戸瀬戸　▽海底の元寇船材　▽鴻臚館跡　○海の正倉院・沖ノ島　○古代の難所関門海峡　＊周防の女王　＊蓮華寺石棺　＊妙見山古墳から伊予灘　○鞆の浦に入る「海王」　＊吉備津の標石　＊御津の石棺　○明石海峡　＊五色塚古墳　○淀川河口夜景

あとがき

その日午前十一時十五分、大王のひつぎ実験航海の古代船団は瀬戸内海の真ん中にいた。北緯33度53分、東経１３２度28分。周防大島と、松山・三津浜つまり斉明女帝船出の熟田津との間の海。櫂十八本の古代船「海王」はこの時、のんびりと白帆をあげて石棺台船「有明」を曳いていた。青い海に白い帆影が映り、台船に載った阿蘇ピンク石棺が陽を浴びて静かにすべっていく、夢のような光景。二〇〇五年夏のことだ。

少年のころ、トール・ヘイエルダール博士がイースター島のモアイ石像を目指して冒険航海を行った「コン・ティキ号探検記」を読まなければ、考古学を学び、そしてこの実験航海に出会うこともなかっただろう。海、船、石――思えば不思議な「海と考古学」との縁だ。

本書はその実験航海前の、二〇〇四年四月一日から〇五年三月三一日まで五一回にわたって読売新聞西部本社版に連載した「大王と海」をもとにしている。航海後あらためて大幅に改変・加筆し、阿蘇ピンク石棺に関する考古学・文献史学の専門的考証を総合して「大王家の石棺」の問題の解明をめざした。

この問題が難しいのは、「大王家」の問題は文献史学の領域、「石棺」の問題は考古学の領域であることだ。この二つの領域のなかだけで、または別々にやっていてはこの問題は解けない。そこで自由な立場から二つの領域をつないで、各分野での成果を検証しながら「謎」に挑むことにした。

私の前著『列島考古学の再構築』では、特に旧石器から縄文、縄文から弥生、弥生から邪馬台国期という、時代の移行期に力点を置いた。この移行期が「研究分野」の谷間となって未解決の問題が山積したままだったからだ。それが今回は、考古学と文献史学という「専門領域」の谷間をつなぐこととなった。

もちろんそれは、白石太一郎氏は考古学から文献史学にアプローチし、和田萃氏は文献史学から考古学にアプローチするなど、専門の研究者がその開拓者となっている道でもある。

本書があるのは、阿蘇ピンク石石棺のことを最初に取り上げ、いまもその研究の第一人者である『石棺夢想論』の張本人・高木恭二氏と、実験航海の「夢の共有者」となって真っ黒な顔で汗を流した生真面目な考古学者・宇野愼敏氏、そして実験航海を紙面・資金・事業面で強力に支援しその実現の原動力となった読売新聞西部本社のおかげである。また執筆にあたって多くの研究者の協力を得た。

出版を勧めていただいた海鳥社と、担当者の杉本雅子さんにも感謝の意を表したい。

二〇〇七年四月

読売新聞西部本社編集委員　板橋旺爾

板橋旺爾（いたはし・おうじ）
1946年，福岡市生まれ。明治大学文学部史学科考古学専攻課程卒。福岡市教育委員会文化課埋蔵文化財調査員などを経て現在，読売新聞西部本社編集委員，熊本大学大学院社会文化研究科非常勤講師。著書に『奴国発掘』『列島考古学の再構築』（学生社），執筆書に『新長崎街道』（新人物往来社）など。

大王家《だいおうけ》の柩《ひつぎ》
継体《けいたい》と推古《すいこ》をつなぐ謎《なぞ》

■

2007年5月15日　第1刷発行

■

著　者　板橋旺爾

■

発行者　西　俊明
発行所　有限会社海鳥社
〒810-0074　福岡市中央区大手門3丁目6番13号
電話092(771)0132　FAX092(771)2546
印刷・製本　大村印刷株式会社
ISBN978-4-87415-634-6
http://www.kaichosha-f.co.jp
［定価は表紙カバーに表示］

大王のひつぎ海をゆく

謎に挑んだ古代船

古代船「海王」
はるか1000キロの冒険航海

読売新聞西部本社
大王のひつぎ実験航海実行委員会 編

■

大和王権の大王たちが静かに眠る古墳，それらの中から熊本県宇土地方の阿蘇ピンク石で造られたひつぎが発見された。大王家の石棺が大和の地まで，なぜ，どうやって，どのような経路で運ばれたのか。考古学，古代史，海事史など各分野を総合して謎に迫った実験航海の記録

■

B５判／214ページ
並製
定価（本体2000円＋税）